我
们
一
起
解
决
问
题

销售高手大讲堂系列

房地产中介门店管理与运营一本通

情景演示+错误分析+正确示范

滕宝红◎主编

人民邮电出版社

北　京

图书在版编目（CIP）数据

房地产中介门店管理与运营一本通 / 滕宝红主编
. -- 北京 ：人民邮电出版社，2021.01
ISBN 978-7-115-55226-6

Ⅰ．①房… Ⅱ．①滕… Ⅲ．①房地产市场－市场中介
组织－管理 Ⅳ．①F293.355

中国版本图书馆CIP数据核字(2020)第214152号

内 容 提 要

在竞争激烈的房地产中介市场，作为信息、谈判、成交、品牌展示等经营场所的房地产中介门店怎样才能实现高效率、低成本的运营呢？如何才能让房地产中介门店在行业中长久立足呢？

本书从门店基本认知、门店人员管理、基础服务培训、房源信息管理、客源信息管理、业务交易管理、二手房过户服务、房屋租赁服务、商业地产（商铺与写字楼）租赁服务、楼盘分销服务、门店业绩管理等方面详细地介绍了如何良好地运营房地产中介门店。本书图文并茂，穿插了大量的实战案例，而且没有高深理论，只有拿来即用的实战技能、工作方法和成交技巧。本书将助你开门店、建团队、造氛围、聚人心、重执行、创特色，进而让你的门店与众不同。

本书适合房地产中介门店老板、店长、销售顾问及相关培训和咨询机构阅读和使用。

◆ 主　　编　滕宝红
责任编辑　曹延延
责任印制　彭志环
◆ 人民邮电出版社出版发行　　北京市丰台区成寿寺路 11 号
邮编　100164　电子邮件　315@ptpress.com.cn
网址　https://www.ptpress.com.cn
涿州市京南印刷厂印刷
◆ 开本：800×1000　1/16
印张：12.25　　　2021年1月第1版
字数：350 千字　　2021年1月河北第1次印刷

定　价：59.00元

读者服务热线：（010）81055656　印装质量热线：（010）81055316
反盗版热线：（010）81055315
广告经营许可证：京东市监广登字 20170147 号

房地产中介行业是房地产业的重要组成部分，贯穿在房地产业经济运行的全过程之中，为房地产业的生产、流通和消费提供了多元化的中介服务。它具有服务性、流动性和灵活性的特点。

随着房地产行业的不断发展，大大小小的房地产中介门店遍地开花，行业竞争也相当激烈，加上"互联网＋房地产"变革的冲击，越来越多的人发现了房地产中介行业的发展前景，并投身于房地产中介市场；而作为信息、谈判、成交、品牌展示等经营场所的房地产中介门店，其管理的好坏直接反映着企业经营的优劣。那么，房地产门店如何才能实现高效率、低成本的运营呢？如何才能让房地产门店在行业中立足呢？

目前我国的房地产经纪行业主要是以店面的形式为主，与大家所看到的其他有实实在在摆放商品的门店不同，房地产中介的门店通常只有几台电脑和工作人员。因为房地产中介的产品是无形的，房地产中介是靠为买卖双方提供信息，并将信息进行匹配，然后通过专业的服务促成买卖双方的成交，从而获取佣金收入的。

门店作为信息传递、谈判、成交、品牌展示的经营场所，是最贴近消费者的场所，所以中介门店的经营管理水平非常重要。

人才是核心竞争力，选对人就成功了一大半。在门店的日常业务流程中，对于房源、客源、市场等信息的收集，需要的是经纪人的勤奋工作；在谈判成交中，需要的是经纪人的谈判能力；在法务代书、按揭贷款中，需要的是经纪人的专业知识；完善的售后服务，需要的是经纪人的热情与专业性。每一单业务的完成均离不开经纪人的辛勤劳作，所以门店在如何选人上要下点功夫。

我们编写的这本书，从导读（房地产门店的运营之道）、房地产门店组建管理、团队建设管理、门店日常管理、交易业务管理、客户服务管理等方面进行了阐述。本书将助你汲取摸爬滚打多年才能掌握的门店管理经验。本书没有高深的理论，只有拿来即用的实战技能、工作方法和成交技巧，包括了开门店、建团队、造氛围、聚人心、重执行、创特色等方面。本书将让你的门店与众不同。

本书图文并茂，穿插了大量的实战案例，是一本房地产中介门店老板、店长、销售顾问应人手一本的读物和工作指南。

由于编者水平有限，加之时间仓促，书中难免会有疏漏之处，敬请读者批评指正。

第一部分　房地产门店组建管理

第二部分　团队建设管理

第三部分　门店日常管理

第四部分　交易业务管理

05

第五部分　客户服务管理

房地产门店的运营之道

与其他有实实在在摆放商品的门店不同，房地产中介的门店中往往只有几台电脑和几位工作人员。因为房地产中介的产品是无形的，所以房地产中介依靠为买卖双方提供信息，并将信息进行匹配，然后通过专业的服务促成买卖双方的成交，从而获取佣金收入。门店作为信息传递、谈判、成交、品牌展示等的经营场所，是最贴近消费者的场所。要想经营好房地产门店，可以围绕以下几个方面展开。

一、运营的核心——人才

房地产中介属于典型的脑力密集型行业，人才是企业最大的资产。可以说，房地产代理企业发展最关键的一点就是企业能否拥有人才或留住人才。

1. 门店的灵魂——店长

店长决定输赢，店长是门店的灵魂。一个店长不仅得是业务高手，还得是优秀的管理者。一个优秀的店长必须具有敏锐的嗅觉、出色的带教能力，只有这样他才会带领团队有效开发市场、获取客户、成功交易。

店长作为公司承上启下的管理者，要具备强而有力的执行力，另外其还肩负着培养人才的使命。店长应对员工的喜怒哀乐了如指掌，面对各种情况应发挥领导魅力，能够适时激励员工，能够妥善处理各种事件，能够预防及消除各种纷争。

2. 门店的支柱——经纪人

经纪人的高流动性困扰着每个中介门店，人才的流失也严重影响着门店的健康发展。那么，如何留住人才就显得尤为重要。员工的高效培育、企业的共同愿景、合理的奖惩制度等，都可以降低经纪人的流失率。

二、运营的根本——管理者的思维

如果说房地产门店是果园，那么门店管理者就是果园的维护员。管理者需要时刻关注果树的长势，夏天如何防虫、冬天怎样防寒都是管理者要考虑的事情。因此，优秀的管理者应该具备如图 0-1 所示的管理思维。

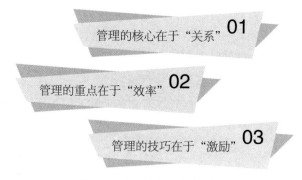

图 0-1　管理者应有的思维

1. 管理的核心在于"关系"

房地产门店的核心就是"卖"服务，实际上房地产中介之间比的就是服务质量，而服务体现在经纪人的业务手段上，所以经纪人的管理能力就显得尤为重要。

传统的思维就是管理者只要管理好手底下的员工就可以了，事实上，管理不只是向下的，管理还可以是向上的、横向的。管理者应谨记最重要的两个点：服从，不盲从；决断，不越权。因为房地产中介最突出的特点就是地域性，有时候上司的决策并不一定比你这位直接的管理者正确，所以一定要认清状况、不盲从。

2. 管理的重点在于"效率"

传统的房地产中介门店的日常办公管理完全靠双手，因此效率低，在当今这个时代根本不能满足企业的发展需求。在互联网时代,管理者应善于借助专业的房地产中介办公管理软件,实现企业的信息化办公,让管理更高效,全面提升工作效率,提高员工的工作积极性。

互联网时代,OA办公+智能管理的管理系统已成为各个企业的必要工具,房地产中介门店也应采取更科学、更高效的办公方式来帮助企业更健康地成长。

3. 管理的技巧在于"激励"

激励员工不是单纯给员工打鸡血,而是要让员工发挥自身优势。管理者最重要的一项技能就是慧眼识人,清楚每名员工的性格特点、可以承担什么任务,知道哪些员工适合做经纪人、哪些员工适合做文员,并且善于挖掘员工的潜力。在此之后,更重要的就是激励,激励形式可以是一种制度,也可以是一种方式,当然最好是二者结合。对于业绩优秀的员工不要吝啬,对于业绩低迷的员工也不要过多批评。

三、运营的方式——线上线下结合

随着互联网的迅猛发展,房地产中介想要在行业中立足,只重视线下的运营是不够的,还要有长远的发展目光,采用线上线下结合的经营方式,让企业站稳脚跟。

1. 互联网＋传统中介门店,线上线下融合,重新打造竞争壁垒

从互联网与传统中介的竞争来看,去中介化或不设门店的模式并不成立。因此,门店需要思考如何重新打造新的竞争壁垒。

互联网中介仍需以传统中介门店经营为核心,否则将难以盈利。传统房地产中介也要逐渐向互联网服务平台发展,二者要做到完美融合,构成一个完整的 O2O 闭环,如图 0-2 所示,由此互联网＋传统中介门店才会构成新的竞争壁垒,从而在市场上立足。

图0-2　线上线下O2O闭环

2.强化线下，优化线上，注重服务升级

房地产中介市场对服务的要求非常严苛，因此房地产中介门店要提升服务质量。房地产中介门店不仅要加强线下的经纪人团队建设、规范业务流程，而且要优化线上营销渠道，为客户提供高效率服务，使客户满意度不断被提高，从而使客户对企业品牌的信任感和认知度也不断提升。

四、运营的基础——规范经营

任何一家门店要想走得更远，都必须做到规范、合法地经营。对于房地产门店来说，应规范承接中介业务、规范发布房源信息、严格执行明码标价、规范门店公示内容、严格执行调控政策、切实保证交易安全、加强从业人员管理、规范提供金融服务。

关于加强房地产中介管理促进行业健康发展的意见（节选）

建房〔2016〕168号

各省、自治区、直辖市住房城乡建设厅（建委、房地局）、发展改革委、物价局、通信管理局、工商局（市场监督管理部门）、银监局，中国人民银行上海总部、各分行、营业管理部、省会（首府）城市中心支行、副省级城市中心支行，各省、自治区、直辖市、计划单列市国家税务局、地方税务局：

房地产中介行业是房地产业的重要组成部分。近年来，房地产中介行业发展较快，在活跃市场、促进交易等方面发挥了重要作用。但部分中介机构和从业人员存在着经营行为不规范、侵害群众合法权益、扰乱市场秩序等问题。为加强房地产中介管理，保护群众合法权益，促进行业健康发展，现提出以下意见：

一、规范中介服务行为

（一）规范中介机构承接业务。中介机构在接受业务委托时，应当与委托人签订书面房地产中介服务合同并归档备查，房地产中介服务合同中应当约定进行房源信息核验的内容。中介机构不得为不符合交易条件的保障性住房和禁止交易的房屋提供中介服务。

（二）加强房源信息尽职调查。中介机构对外发布房源信息前，应当核对房屋产权信息和委托人身份证明等材料，经委托人同意后到房地产主管部门进行房源信息核验，并编制房屋状况说明书。房屋状况说明书要标明房源信息核验情况、房地产中介服务合同编号、房屋坐落、面积、产权状况、挂牌价格、物业服务费、房屋图片等，以及其他应当说明的重要事项。

（三）加强房源信息发布管理。中介机构发布的房源信息应当内容真实、全面、准确，在门店、网站等不同渠道发布的同一房源信息应当一致。房地产中介从业人员应当实名在网站等渠道上发布房源信息。中介机构不得发布未经产权人书面委托的房源信息，不得隐瞒抵押等影响房屋交易的信息。对已出售或出租的房屋，促成交易的中介机构要在房屋买卖或租赁合同签订之日起2个工作日内，将房源信息从门店、网站等发布渠道上撤除；对委托人已取消委托的房屋，中介机构要在2个工作日内将房源信息从各类渠道上撤除。

（四）规范中介服务价格行为。房地产中介服务收费由当事人依据服务内容、服务成本、服务质量和市场供求状况协商确定。中介机构应当严格遵守《中华人民共和国价格法》《关于商品和服务实行明码标价的规定》及《商品房销售明码标价规定》等法律法规，在经营场所醒目位置标识全部服务项目、服务内容、计费方式和收费标准，各项服务均须单独标价。提供代办产权过户、贷款等服务的，应当由委托人自愿选择，并在房地产中介服务合同中约定。中介机构不得实施违反《中华人民共和国价格法》《中华人民共和国反垄断法》规定的价格违法行为。

（五）规范中介机构与金融机构业务合作。中介机构提供住房贷款代办服务的，应当由委托人自主选择金融机构，并提供当地的贷款条件、最低首付比例和利率等房地产信贷政策，供委托人参考。中介机构不得强迫委托人选择其指定的金融机构，不得将金融服务与其他服务捆绑，不得提供或与其他机构合作提供首付贷等违法违规的金融产品和服务，不得向金融机构收取或变相收取返佣等费用。金融机构不得与未在房地产主管部门备案的中介机构合作提供金融服务。

（六）规范中介机构涉税服务。中介机构和从业人员在协助房地产交易当事人办理纳税申报等涉税事项时，应当如实告知税收规定和优惠政策，协助交易当事人依法诚信纳税。税务机关对在房地产主管部门备案的中介机构和取得职业资格的从业人员，其协助房地产交易当事人办理申报纳税事项诚信记录良好的，应当提供方便快捷的服务。从业人员在办理涉税业务时，应当主动出示标明姓名、机构名称、国家职业资格等信息的工作牌。中介机构和从业人员不得诱导、唆使、协助交易当事人签订"阴阳合同"，低报成交价格；不得帮助或唆使交易当事人伪造虚假证明，骗取税收优惠；不得倒卖纳税预约号码。

二、完善行业管理制度

（七）提供便捷的房源核验服务。市、县房地产主管部门要对房屋产权人、备案的中介机构提供房源核验服务，发放房源核验二维码，并实时更新产权状况。积极推行房地产中介服务合同网签和统一编号管理制度。房地产中介服务合同编号应当与房源核验二维码关联，确保真实房源、真实委托。中介机构应当在发布的房源信息中明确标识房源核验二维码。

（八）全面推行交易合同网签制度。市、县房地产主管部门应当按照《国务院办公厅关于促进房地产市场平稳健康发展的通知》（国办发〔2010〕4号）要求，全面推进存量房交易合同网签系统建设。备案的中介机构可进行存量房交易合同网上签约。已建立存量房交易合同网签系统的市、县，要进一步完善系统，实现行政区域的全覆盖和交易产权档案的数字化；尚未建立系统的，要按规定完成系统建设并投入使用。住房城乡建设部将开展存量房交易合同网签系统建设和使用情况的专项督查。

（九）健全交易资金监管制度。市、县房地产主管部门要建立健全存量房交易资金监管制度。中介机构及其从业人员不得通过监管账户以外的账户代收代付交易资金，不得侵占、挪用交易资金。已建立存量房交易资金监管制度的市、县，要对制度执行情况进行评估，不断优化监管方式；尚未建立存量房交易资金监管制度的，要在2016年12月31日前出台监管办法，明确监管制度并组织实施。省级住房城乡建设部门要对所辖市、县交易资金监管制度落实情况进行督促检查，并于2016年12月31日前将落实情况报住房城乡建设部。

（十）建立房屋成交价格和租金定期发布制度。市、县房地产主管部门要会同价格主管部门加强房屋成交价格和租金的监测分析工作，指导房屋交易机构、价格监测机构等建立分区域房屋成交价格和租金定期发布制度，合理引导市场预期。

第一部分

房地产门店组建管理

第1章　选定经营场所

俗话说"一步差三市"，这句话的意思是开店地址差一点就有可能差三成的买卖。对于房地产中介行业来说，充足的房源、优质的服务可以成为吸引客户的重要方式，但如果门店的地段不好，也很难有好的生意。

1.1　门店选址的原则

房地产门店在选址时，应遵守图1-1所示的原则。

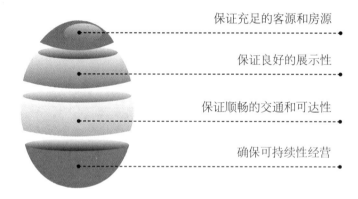

保证充足的客源和房源

保证良好的展示性

保证顺畅的交通和可达性

确保可持续性经营

图1-1　门店选址的原则

1. 保证充足的客源和房源

在一般情况下，门店会在某一区域内的一个相对集中、稳定的范围内产生影响力。一般以门店设定点为圆心，将以1 000米距离为半径划定的范围作为门店可辐射的市场。

（1）核心区域是半径在500米内的区域，一般情况下门店可在该范围内获取本门店客户总数的55% ~ 70%。

（2）中间区域是半径在500 ~ 1 000米区间的区域，门店可在该范围内获取客户总数的

15% ～ 25%。

（3）外围区域是半径在1 000米以外的区域，门店可在该范围内获取客户总数的5%左右。门店应以吸引更多的客户为目标，所以门店选址时应避免偏离选定区域的核心。

2.保证良好的展示性

门店不仅是直接承揽业务的场所，还是对外展示企业形象的主要窗口，因此选择店址应尽量保证其有良好的展示性。也就是说一个好门店必须有独立门面，同时，门店前不应有任何遮挡物。

3.保证顺畅的交通和可达性

检验店址优良与否的重要标志之一是门店周围的交通是否畅通。通常情况下，门店周围街道上的人流量要大、道路要宽阔从而保证车辆能自由进出且方便停车，如果门店将高端客户群视为主要客户的话，这一点尤为重要。

4.确保可持续性经营

门店在进行选址时，不仅要深入研究目前的市场状况，而且应准确预测和评估未来的市场发展。门店最好能在开店初期就全面考虑同行竞争、交通状况等可变的因素。

门店选定的地址应具有一定的商业发展潜力，并在该地区具有竞争优势，以保证门店在之后的一定时期内能够持续经营并赢利。

1.2　门店选址的方法

一般来说，房地产中介门店在选址时，可参考如图1-2所示的几种方法。

图1-2　门店选址的方法

1. 从众法

从众法，指选定目标区域内寻找客户最容易到达的、相对人流量较大的位置的方法。

例如，公交站点、证券公司、超市（大卖场）、公园、学校、住宅区的出入口等人口集中或人们常去的地方。

2. 竞争法

竞争法，指选在房地产经纪活动已经比较成熟、房地产经纪门店相对集中的地方的方法。

3. 定量法

定量法，指在对目标区域内的建筑数量和类型、人员数量和结构、房地产交易量等基本情况充分了解的基础上，对备选位置在人员流量和流动人员构成等方面进行精确的实地勘察、测量、统计，在其中最主要的路段上选址的方法。

4. 速决法

能够预先获知好的位置、好的门店当然是比较理想的，为了防止很多好的位置刚一露市就已被人租用，所以要当机立断，发现好的店铺（符合主要条件且性价比较高）就要迅速拿下，以防节外生枝，错失良机。

5. 分步法

房地产经纪企业如果需要战略布局，但一时又找不到合适店铺的重要区域，只要一发现位置和门店可以接受、价格比较低廉，就可以采取先做起来，抢占市场，然后在经营过程中不断关注和捕捉机会的做法。

1.3 影响选址的因素

房地产中介门店在选址时，首要关注的应该是能否迅速准确地获取房源信息，能否吸引客户上门来委托买房卖房。一般来说，影响房地产门店选址的因素如图 1-3 所示。

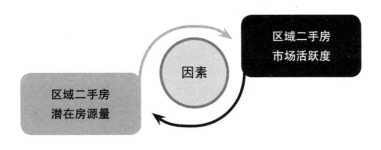

图 1-3　影响门店选址的因素

1. 区域二手房潜在房源量

如果要购物，大多数人会选择去一些专业市场或繁华商圈，例如买建材会到建材家居市场，买家电会到专业家电卖场，买日常生活用品会到大超市。但是，如果你的目标是买一套二手房，你能找到一家拥有所有房源信息的二手房中介门店吗？答案显然是否定的。

换句话说，二手房中介具有较强的区域限制。通常，一家二手房中介门店的房源信息主要源自门店的周边楼盘。除非有亲朋好友在某家房地产公司工作，否则大部分人在卖房时都会选择委托房源附近的二手房中介。

一方面，房源附近的中介掌握了更多的有购买本区域房产需求的客户的信息；另一方面，有购买本区域房产需求的客户如果选择主动上门委托求购，一般也会找该区域内的中介。

因此，门店所辐射的楼盘房源量成了二手房中介门店选址的一个关键。如果一个门店所辐射的楼盘多，其潜在房源量就大；反之，如果一个门店只能辐射某个小楼盘，潜在房源量的不足可能就会影响门店的经营业绩。

　　要知道，二手房中介门店的客户主要来源于好的房源广告，有了好房源，客户就会上门。

2. 区域二手房市场活跃度

潜在房源量大，市场就一定大吗？那倒不一定。不难发现，每个区域的二手房市场活跃度是不一样的。有些区域的存量房产有几千套，可一年也成交不了几十套；而有些区域的存量房产可能只有区区几百套，但一年的成交量却有上百套。因此，二手房中介门店在选址时，不能只考虑其辐射的楼盘有多少，还应考虑其二手房交易市场的活跃度。

例如，某些区域的住户都觉得这里居住起来很舒服，可能就没多少人想换房了，因此这片区域的二手房市场活跃度自然就低。

如果市场活跃度低，即使客户排着队想买房，你能找得到房源吗？找不到房源，再多的客源也没用。

1.4　门店环境的分析

房地产中介门店在选址时，应对门店周围环境做如图1-4所示的分析。

图1-4　门店环境研究的范围

1. 临街状况

门店所面临的街道是门店客流来源的通道，其通达程度直接影响门店的客流量。在大部分情况下，街道与街道的交接之处（如转角、十字路口、三岔路口）的客流较集中。若能将门店设在这种位置，店面会较显眼，也能吸引许多客户。因此布置门店时，应尽量将门店的正门设在人流量最大的街道的一面。

（1）门店业务的主要影响因素是公交线。店铺选在地铁、轻轨站比火车站好；店铺面向车站的要比背向车站的好；店铺选在下车客流向的要比上车客流向的好；店铺选在终点站比中途站好，终点站客流量大且停留时间相对比中途站长。

（2）在区域干道旁边，要注意干道两边的栅栏对门店的影响。相对来说，人行道宽而车行道窄的街的两边店铺很容易被行人自然地看到并记住，他们在路过时也容易进店，而且在他们需要时最容易被想到。

（3）交通管理状况也会对门店造成一定的影响。例如，单行道、禁止自行车通行的快速车道、街区封闭且距离横道线较远都会造成客流量相对较少。

2. 方位

方位即门店正门的朝向。门店正门的朝向直接影响门店的受风情况和日照程度、时间，并在一定程度上影响客流量。

3. 地势

门店的地势高于或低于其所面临的街道，都有可能会减少门店的客流量。大部分情况下门店与道路基本处于一个水平面上是最好的。

4. 与客户的接近度

与客户的接近度是指目标客户愿意接近门店的程度。接近度是衡量待选门店客户是否容易接近门店的准则。门店与客户接近度越高越好。门店通常衡量接近度时应考虑如图 1-5 所示的几点因素。

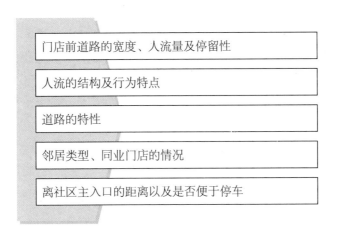

门店前道路的宽度、人流量及停留性

人流的结构及行为特点

道路的特性

邻居类型、同业门店的情况

离社区主入口的距离以及是否便于停车

图 1-5　衡量接近度应考虑的因素

过宽的道路（特别是一些快速主干道）反而聚不起人气；高速公路、高架、大桥的两侧和下匝道也不适合当作房地产经纪门店的选址。

1.5 竞争对手的分析

在进行门店选址时，房地产中介首先要对竞争对手进行详尽调查，以选定的门店地点为中心，对 1 000 米半径，尤其是 500 米半径距离内的同业门店的发展状况、营运状况进行调查。

调查对手的目的是了解竞争对手的经营动向、服务手段及技巧。创业者通过对竞争对手进行分析还可以掌握选择区域目标客户群的真实特性，并针对客户的真正需求，有针对性地制定诸如改进服务形象、完善售后服务等经营策略。

另外，门店的一项重要工作就是对竞争对手经营效益进行分析。经营效益分析的主要内容包括各竞争门店的经营成本和成交额估算、所占市场份额、目前市场的饱和程度及区域市场的潜在成交额、介入竞争后可能获取区域内的市场份额等。

第2章　筹措投资资金

开店创业最主要的因素就是资金，创业者在决定创业之前最急需解决的就是资金问题。资金能否筹备到手是能否顺利开店的关键。

2.1　预测启动资金

启动资金，就是为开办房地产门店购买必备物资和承担必要开支所需的资金，也就是从店铺开始投入至达到收支平衡前你必须要准备的资金总额。

1. 启动资金用途

开店的启动资金将用于以下方面。

（1）购买办公设备及相关产品。

（2）支付场地（办公室、店铺等）费用和店铺的装修费用。

（3）办理营业执照和相关许可证。

（4）购置办公家具和办公用品。

（5）开业前的广告和促销。

（6）招聘、培训员工，给员工发放工资。

（7）支付水电费、电话费等。

我们可以把启动资金按用途分为两大类，具体如图2-1所示。

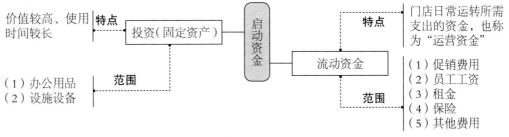

图2-1　启动资金类别

2. 投资（固定资产）预测

创业者在进行投资（固定资产）预测时要特别注意，不同规模的、不同定位的房地产中介门店对设备的需求也是不同的。房地产中介门店应根据自身的规模与客源来选择相应的设备，尽量节省设备投资，即使你只需少量设备也应对其进行测算并将其纳入计划。

房地产经纪门店的主要设备有以下几种。

（1）能满足店铺恒温需要的空调。

（2）保证能与外界联系和方便客户联系的电话。

（3）满足经营需要的计算机，以提高对信息的存储、查询、处理能力。

（4）如在门店收款的，应配备有质量保证的点钞机、验钞机。

（5）满足经营需要的办公家具及办公用品。

设备的投资可多可少，应根据市场定位来调整。每种设备，都有高中低不同的档次。根据目标人群，确定使用哪一档次的设备就可以了。不用贪多求大，够用就好。

3. 流动资金预测

流动资金的最大特点就在于随时可能会变化，门店最初必须有可以支付各种费用的资金。适当的流动资金准备能够使门店从容地支付各种费用。

一般来说，在销售收入能够使门店收回成本之前，门店事先至少要准备 3 个月的流动资金。为了使预算更加准确，门店可以制定一个如表 2-1 所示的现金流量计划表。

表 2-1　现金流量计划表

序号	类别	具体说明
1	促销	包括 4P（产品 Product，价格 Price，渠道 Place，促销 Promotion）计划的促销成本
2	工资	起步阶段也要给员工开支，计算方法为月工资总额 × 没收支平衡的月数
3	租金	门店一开张就要支付租金，计算方法为月租金额 × 没收支平衡的月数
4	保险	保险有两种：社会保险和商业保险。开业时准备交的保险也在启动资金数额内

（续表）

序号	类别	具体说明
5	其他费用	包括水电费、办公用品费、电话费、交通费、不可预见费（统称"公用事业费"）等。起步时应纳入启动资金数额内

4. 总的启动资金预测

总的启动资金的计算公式如下所示。

启动资金总额＝投资金额（固定资产投资金额+开办费）+流动资金总额

5. 预测启动资金时要注意的问题

门店在预测启动资金时，要注意以下这些问题。

（1）务必意识到"启动资金周转不灵，就会导致门店夭折"。

（2）务必核实启动资金持续投入期，具体是指门店没取得销售收入以前流动资金须投入多长时间。

（3）务必将投资和流动资金需求量降至最低，依据"必须、必要、合理、最低"的原则，该支出的必须支出，能不支出的坚决不支出。

（4）务必保持一定量的流动资金"储备"，以应不时之需。

2.2 筹集资金的原则

就目前而言，门店所筹资金的来源及途径多种多样，筹资方式比较灵活，这为门店以低成本、低风险筹资提供了良好的条件。但是，竞争激烈的市场和筹资环境及筹资条件的差异性，也使门店在筹资时面临诸多困难。因此，门店在筹资时必须坚持图2-2所示的原则。

图 2-2 筹集资金的原则

1. 准确预测需用资金数额及其形态原则

门店资金有短期资金与长期资金、固定资金与流动资金、借入资金与自有资金，以及其他更多形态的资金。不同形态的资金往往满足不同的经营需要，门店在筹资时需要根据财务目标决定筹资数额。经营者应周密地分析门店创建初期的各个环节，采取科学、合理的方法准确预测所需资金数额，确定相应的资金形态。这是筹资的首要原则。

2. 追求最佳成本收益比原则

无论以何种方式筹集资金，经营者都要付出一定的代价，即必须支付与其相关的各种筹集费用，如支付股息、利息等资金使用费用。

资金成本，即为筹集资金所支付的各种费用的总和，也是门店创建初期的最低收益率。只有收益率大于资金成本，经营者才能具体实施筹资活动。经营者在对资金成本与收益进行比较时应以综合平均资金成本为依据。

3. 风险最小化原则

筹资过程中的风险是门店筹资时不可避免的一个财务问题。实际上，经营者在进行筹资过程中的任何一项财务活动时都需要谨慎考虑收益与风险的权衡问题。

经营者被允许通过多种渠道利用多种方式来筹集资金。不同来源资金的许可使用时间的长短、附加条款的限制和资金成本的总额都不同。因此，经营者在筹集资金时必须从数额上满足门店经营的需要，并且要考虑各种筹资方式带来的财务风险和资金成本，由此做出权衡，从而选择最佳筹资方式。

4. 争取最有利条件原则

在筹集资金时经营者必须做到及时、地域合理、方法合理、渠道多样。这是由于同等数额的资金在不同时期和环境下的时间价值和风险价值大不相同。所以，经营者要把握筹资时机，以较少预算筹集到足额资金。

因此，经营者必须研究筹资渠道及其地域，要灵活运用战术，及时做调整，将筹资与创建、开拓市场相结合，实现最佳经济效益（如图2-3所示）。

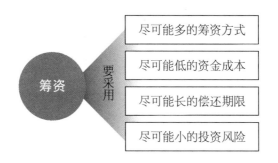

图 2-3 筹资的最有利原则

2.3 筹集资金的要求

筹集资金是门店创建活动的起点，是一项重要而复杂的工作。门店在筹资时要研究影响筹资的各种要素，讲求综合经济效益，并按照一定的要求进行。

1. 筹资必须有效、及时

筹资的目的是为门店提供必要的资金。无论用什么方式和渠道筹集资金，经营者都应明确资金需求量并准确地制订筹资计划，使资金的供需达到平衡。这样做既能避免因资金筹集不足而影响创建工作的正常进行，又可以防止资金筹集过多而降低资金的利用率。

2. 提高筹资效益

创业者只有明白筹资是为了使门店创建初期良好地运转，并明确资金用途之后，才能根据需要选择适当的筹资渠道、筹资方式及筹资数额。

3. 选择筹资方式，降低资金成本

资金成本是资金使用者支付给资金所有者的报酬及有关的筹措费用，是对企业筹资放款进行预先扣除的一种费用。创业者在选择不同筹资方式时，其需承担的资金成本也不同。

经营者在筹资时要综合考虑各种筹资渠道和方式，研究各种资金来源的构成情况，选择最优的筹资方式，以降低资金成本，使资金的使用率最大化。

2.4 筹集资金的途径

创业开店的资金主要可以从以下几个方面来筹集，具体如图 2-5 所示。

图 2-5 筹集资金的途径

1. 自有资金

自有资金就是自己存了多年的钱。这笔钱是自己说了算的，也是创业的源头资金，是真正的原始投资，也可称为"原始股"。

2. 向亲戚好友借

从朋友或亲戚那借钱是开店最常见的做法。但是，一旦开店失败了，亲戚朋友会收不回自己的钱，从而伤了感情。因此，你要明确告知他们借钱给你的同时他们也需承担一定的风险。千万不要因为自己的创业而影响自己与亲戚好友之间的关系。

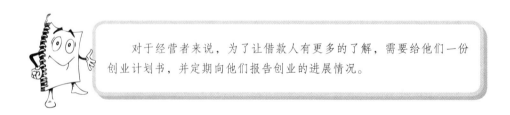

对于经营者来说，为了让借款人有更多的了解，需要给他们一份创业计划书，并定期向他们报告创业的进展情况。

3. 从银行贷款

（1）个人开店贷款的条件

个人投资开店申请贷款的范围广泛，符合一定贷款条件能够提供银行认可的担保方式的个人、个体工商户、个人独资企业，都可申请投资贷款。另外，各银行还会有具体规定。个人开店申请贷款的借款人必须同时具备如图 2-6 所示的条件。

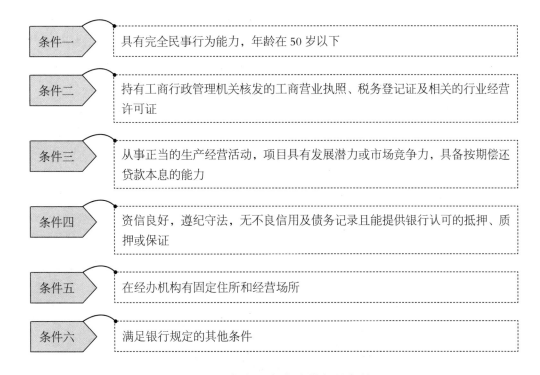

条件一　具有完全民事行为能力，年龄在 50 岁以下

条件二　持有工商行政管理机关核发的工商营业执照、税务登记证及相关的行业经营许可证

条件三　从事正当的生产经营活动，项目具有发展潜力或市场竞争力，具备按期偿还贷款本息的能力

条件四　资信良好，遵纪守法，无不良信用及债务记录且能提供银行认可的抵押、质押或保证

条件五　在经办机构有固定住所和经营场所

条件六　满足银行规定的其他条件

图 2-6　个人开店申请贷款的条件

（2）贷款额度

个人开店贷款金额最高不超过借款人正常生产经营活动所需流动资金、购置（安装或修理）小型设备（机具）以及特许连锁经营所需资金总额的 70%。

（3）贷款期限

个人开店贷款期限一般为 2 年，最长不超过 3 年，其中生产经营性流动资金贷款期限最长为 1 年。

（4）贷款利率

个人创业贷款执行中国人民银行颁布的期限贷款利率，并可在规定的幅度范围内上下浮动。

（5）申请创业贷款的方式

申请创业贷款的方式具体如表 2-2 所示。

表 2-2　申请创业贷款的方式

序号	方式	具体说明
1	抵押贷款	抵押贷款金额一般不超过抵押物评估价的 70%，贷款最高限额为 30 万元。如果创业需要购置沿街商业房，可以以拟购房子作抵押，向银行申请商用房贷款。贷款金额一般不超过拟购商业用房评估价值的 60%，贷款期限最长不超过 10 年
2	质押贷款	除了存单可以质押外，以国库券、保险公司保单等凭证也可以轻松得到个人贷款。存单质押贷款可以贷存单金额的 80%；国债质押贷款可以贷国债面额的 90%；保险公司推出的保单质押贷款的金额不超过保险单当时现金价值的 80%
3	保证贷款	如果你的配偶或父母有较好的工作、有稳定的收入，这也能成为你的绝好的信贷资源。当前银行对高收入阶层情有独钟，律师、医生、公务员、事业单位员工以及金融行业从业人员均被列为信用贷款的优待对象，这些行业的从业人员只需找一两位同事做担保就可以在工行、建行等金融机构获得 10 万元左右的保证贷款，在准备好各种材料的情况下，当天即能获得批准，从而较快地获取创业资金

相关链接

成功申请创业贷款的技巧

　　银行在调查借款人的资质时，主要从以下五个方面来综合衡量。摸准银行的脉搏就可以对号入座，提高申请贷款的成功概率。

　　1. 银行对借款人的综合评价

　　包括借款人与其家庭情况，教育、社会背景，行业关系，征信及诉讼资料，人品（诚实信用）及责任感等。

　　2. 对借款人开店项目的考查

　　包括项目的获利能力（特别是营业利润），主要经营者是否具备足够的经验及专业知识，对继位经营者的培植情形及行业未来的企划作业。

　　3. 个人征信情况

　　包括有无不诚实或信用欠佳记录，是否以合作态度提供征信资料。

　　4. 资金用途

　　这一点是银行评估信用的核心，包括资金启用计划是否合法、合理、合情及符合政策。另外，还款来源是确保授信债权本利回收的前提条件，因此银行还要分析借款人偿还授信的资金来源。

5. 债权保证

内部保证，是指银行与借款人之间的直接关系；外部保障，是指由第三者对银行承担借款人的信用责任，如有保证书等。

4. 寻找合作伙伴筹资

寻找合作伙伴筹资能够降低创业的风险，而寻找合作伙伴有一个前提便是合作伙伴要对自身的创业有促进的作用，两者的合作能够提高创业的成功率。寻找创业合作伙伴也能够减少创业的风险。

第3章 门店设计装修

一个好的店铺一定要注意门面的设计，门面相当于整个店铺的灵魂，门面的装修可以说是房地产中介门店的脸面。好的设计不但能营造出一个舒服的办公环境，而且能吸引客户前来。

3.1 门店外部的形象设计

门店外部的形象设计是吸引顾客眼球的直接因素，其中包括门店的店招、门头、橱窗等具体形象的设计，其基本要求是简洁、醒目、和谐。

1. 店招设计

（1）宽度：店招一般设置在门店的店门之上，与店面等宽。由于房地产中介门店相对较小，因此门店的门面一般也不会很宽，所以店招应尽可能做宽，但不要超出店面本身的宽度。

（2）高度：店招的高度在不影响相邻店铺的情况下，应尽可能不低于面宽的20%，可以依据具体情况进行调整。

（3）字体与颜色：尽量醒目和容易识别。

（4）内容：可包含公司司标、公司名称或公司简称、店号和门店的店名。

虽然门店的电话出现在店招上能够方便客户与门店联系，但需得到工商、市容等相关管理部门的审批才可以。

2. 门头设计

门头应力求简洁、明了、规范、突出主营业务。

3. 橱窗设计

房地产门店的橱窗是展示房源的最佳位置。因此，房地产中介门店都非常重视橱窗且会尽可能地将它充分利用起来，但并不是用得越充分效果就越好。

门店在设计橱窗时既要充分利用，又要保证整体美观、协调，更要使展示的房源让客户看得清楚。

3.2　门店内部的设计和布局

1. 平面布局

房地产中介门店一般宜根据各个区域的功能特点，分为接待区和办公区等数个功能区。应确保接待区的面积尽可能地大，办公区则需便于员工使用。

2. 墙面

房地产中介门店因有关部门的要求，必须公示许多内容，在张贴方面也要遵循一定要求。因此墙面一定要整洁、防腐、防起壳、防脱落，墙面的布置既要满足功能需要，又要尽可能注意整体协调。切忌随心所欲、为挂而挂、为贴而贴。

3. 顶面

灯光的设计和布局要协调，地面与顶面的距离应不超过 2.8 米，也最好不要少于 2.4 米。

4. 地面

地面的颜色要与店面的内部设计及办公用品的颜色相协调，地面的材料应耐用、防滑、易清洁。

3.3　门店的装修

门店的装修是指门店落实外部设计和内部设计，这是落实公司品牌战略的重要组成部分。门店装修须注意以下几个环节。

（1）门店的装修设计要服从公司对外形象宣传的总体要求。特别是对于连锁店来说，无论有多少个门店，要让客户有走百家如一家的感觉，这既可以降低装修成本，也有利于公司对外形象的宣传。

（2）内外装饰设计要协调，包括配置、颜色、大小、长宽等。

（3）选择施工单位时，应尽可能选择有品牌、有规模、有后期服务和维修能力的单位。

（4）施工时严格按照施工标准进行管理，如验收不合格，一律不能交付使用，特别是水、电的配套工程。

总体而言，房地产中介门店应确保内外装饰设计协调、玻璃通透、灯光明亮。有多家门店或实行连锁经营的门店应统一设计、统一装修。

第 4 章　开店前期筹备

　　门店若想正常经营自然少不了相关手续与证件的办理，取得这些证件之后门店才具备经营资格。经营者应做到合法经营、诚信经营。

4.1　开店应具备的条件

　　为了规范房地产经纪活动，保护房地产交易及经纪活动当事人的合法权益，促进房地产市场健康发展，根据《中华人民共和国城市房地产管理法》《中华人民共和国合同法》等法律法规，中华人民共和国住房和城乡建设部、中华人民共和国国家发展和改革委员会、中华人民共和国人力资源和社会保障部共同发布了《房地产经纪管理办法》，该办法明确规定了房地产经纪机构的设立条件，具体如下所示。

　　（1）第七条：本办法所称房地产经纪机构，是指依法设立，从事房地产经纪活动的中介服务机构。

　　房地产经纪机构可以设立分支机构。

　　（2）第八条：设立房地产经纪机构和分支机构，应当具有足够数量的房地产经纪人员。

　　本办法所称房地产经纪人员，是指从事房地产经纪活动的房地产经纪人和房地产经纪人协理。

　　房地产经纪机构和分支机构与其招用的房地产经纪人员，应当按照《中华人民共和国劳动合同法》的规定签订劳动合同。

　　（3）第九条：国家对房地产经纪人员实行职业资格制度，纳入全国专业技术人员职业资格制度统一规划和管理。

房地产经纪专业人员职业资格制度暂行规定

第一章　总则

第一条　为加强房地产经纪专业人员队伍建设，提高房地产经纪专业人员素质，规范房地产经纪活动秩序，根据《中华人民共和国城市房地产管理法》《国务院机构改革和职能转变方案》和国家职业资格证书制度有关规定，制定本规定。

第二条　本规定适用于在房地产交易活动中，为促成房地产公平交易，从事存量房和新建商品房居间、代理等房地产经纪活动的专业人员。

第三条　国家设立房地产经纪专业人员水平评价类职业资格制度，面向全社会提供房地产经纪专业人员能力水平评价服务，纳入全国专业技术人员职业资格证书制度统一规划。

第四条　房地产经纪专业人员职业资格分为房地产经纪人协理、房地产经纪人和高级房地产经纪人 3 个级别。房地产经纪人协理和房地产经纪人职业资格实行统一考试的评价方式。高级房地产经纪人职业资格评价的具体办法另行规定。

房地产经纪专业人员英文为 Real Estate Agent Professionals

第五条　通过房地产经纪人协理、房地产经纪人职业资格考试，取得相应级别职业资格证书的人员，表明其已具备从事房地产经纪专业相应级别专业岗位工作的职业能力和水平。

第六条　人力资源社会保障部、住房城乡建设部共同负责房地产经纪专业人员职业资格制度的政策制定，并按职责分工对房地产经纪专业人员职业资格制度的实施进行指导、监督和检查。中国房地产估价师与房地产经纪人学会具体承担房地产经纪专业人员职业资格的评价与管理工作。

第二章　考试

第七条　房地产经纪人协理、房地产经纪人职业资格实行全国统一大纲、统一命题、统一组织的考试制度。原则上每年举行 1 次考试。

第八条　中国房地产估价师与房地产经纪人学会负责房地产经纪专业人员职业资格评价的管理和实施工作，组织成立考试专家委员会，研究拟定考试科目、考试大纲、考试试题和考试合格标准。

第九条　人力资源社会保障部、住房城乡建设部指导中国房地产估价师与房地产经纪人学会确定房地产经纪人协理、房地产经纪人职业资格考试科目、考试大纲、考试试题和考试

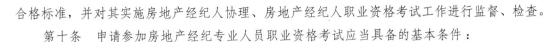

合格标准，并对其实施房地产经纪人协理、房地产经纪人职业资格考试工作进行监督、检查。

第十条　申请参加房地产经纪专业人员职业资格考试应当具备的基本条件：

（一）遵守国家法律、法规和行业标准与规范；

（二）秉承诚信、公平、公正的基本原则；

（三）恪守职业道德。

第十一条　申请参加房地产经纪人协理职业资格考试的人员，除具备本规定第十条的基本条件外，还必须具备中专或者高中及以上学历。

第十二条　申请参加房地产经纪人职业资格考试的人员，除具备本规定第十条的基本条件外，还必须符合下列条件之一：

（一）通过考试取得房地产经纪人协理职业资格证书后，从事房地产经纪业务工作满6年；

（二）取得大专学历，工作满6年，其中从事房地产经纪业务工作满3年；

（三）取得大学本科学历，工作满4年，其中从事房地产经纪业务工作满2年；

（四）取得双学士学位或研究生班毕业，工作满3年，其中从事房地产经纪业务工作满1年；

（五）取得硕士学历（学位），工作满2年，其中从事房地产经纪业务工作满1年；

（六）取得博士学历（学位）。

第十三条　房地产经纪人协理、房地产经纪人职业资格考试合格，由中国房地产估价师与房地产经纪人学会颁发人力资源社会保障部、住房城乡建设部监制，中国房地产估价师与房地产经纪人学会用印的相应级别《中华人民共和国房地产经纪专业人员职业资格证书》（以下简称房地产经纪专业人员资格证书）。该证书在全国范围有效。

第十四条　对以不正当手段取得房地产经纪专业人员资格证书的，按照国家专业技术人员资格考试违纪违规行为处理规定处理。

第三章　职业能力

第十五条　取得相应级别房地产经纪专业人员资格证书的人员，应当遵守国家法律、法规及房地产经纪行业相关制度规则，坚持诚信、公平、公正的原则，保守商业秘密，保障委托人合法权益，恪守职业道德。

第十六条　取得房地产经纪人协理职业资格证书的人员应当具备的职业能力：

（一）了解房地产经纪行业的法律法规和管理规定；

（二）基本掌握房地产交易流程，具有一定的房地产交易运作能力；

（三）独立完成房地产经纪业务的一般性工作；

（四）在房地产经纪人的指导下，完成较复杂的房地产经纪业务。

第十七条　取得房地产经纪人职业资格证书的人员应当具备的职业能力：

（一）熟悉房地产经纪行业的法律法规和管理规定；

（二）熟悉房地产交易流程，能完成较为复杂的房地产经纪工作，处理解决房地产经纪业务的疑难问题；

（三）运用丰富的房地产经纪实践经验，分析判断房地产经纪市场的发展趋势，开拓创新房地产经纪业务；

（四）指导房地产经纪人协理和协助高级房地产经纪人工作。

第十八条　取得相应级别房地产经纪专业人员资格证书的人员，应当按照国家专业技术人员继续教育及房地产经纪行业管理的有关规定，参加继续教育，不断更新专业知识，提高职业素质和业务能力。

第四章　登记

第十九条　房地产经纪专业人员资格证书实行登记服务制度。登记服务的具体工作由中国房地产估价师与房地产经纪人学会负责。

第二十条　中国房地产估价师与房地产经纪人学会定期向社会公布房地产经纪专业人员资格证书的登记情况，建立持证人员的诚信档案，并为用人单位提供取得房地产经纪专业人员资格证书的信息查询服务。

第二十一条　取得房地产经纪专业人员资格证书的人员，应当自觉接受中国房地产估价师与房地产经纪人学会的管理和社会公众的监督。其在工作中违反相关法律、法规、规章或者职业道德，造成不良影响的，由中国房地产估价师与房地产经纪人学会取消登记，并收回其职业资格证书。

第二十二条　房地产经纪专业人员登记服务机构在登记服务工作中，应当严格遵守国家和本行业的各项管理规定以及学会章程。

第五章　附则

第二十三条　通过考试取得相应级别房地产经纪专业人员资格证书，且符合《经济专业人员职务试行条例》中助理经济师、经济师任职条件的人员，用人单位可根据工作需要聘任相应级别经济专业职务。

第二十四条　本规定施行前，依据原人事部、原建设部印发的《〈房地产经纪人员职业资格制度暂行规定〉和〈房地产经纪人执业资格考试实施办法〉》（人发〔2001〕128号）要求，通过考试取得的房地产经纪人执业资格证书，与按照本规定要求取得的房地产经纪人职业资格证书效用等同。通过考试取得房地产经纪人协理资格证书效用不变。

第二十五条　本规定自2015年7月1日起施行。

4.2　开店应办理的手续

（1）设立房地产经纪机构，应当向当地的工商行政管理部门申请，经审查合格后，准予办理工商登记，核发营业执照。

（2）房地产经纪机构及其分支机构应当自领取营业执照之日起 30 日内到所在直辖市、市、县人民政府建设（房地产）主管部门备案。

（3）设立有限责任公司、股份有限公司从事房地产中介业务的，还应当遵守《中华人民共和国公司法》的有关规定。

4.3　店内应公示的内容

《房地产经纪管理办法》第十五条规定：房地产经纪机构及其分支机构应当在其经营场所醒目位置公示下列内容：

（一）营业执照和备案证明文件；

（二）服务项目、内容、标准；

（三）业务流程；

（四）收费项目、依据、标准；

（五）交易资金监管方式；

（六）信用档案查询方式、投诉电话及 12358 价格举报电话；

（七）政府主管部门或者行业组织制定的房地产经纪服务合同、房屋买卖合同、房屋租赁合同示范文本；

（八）法律、法规、规章规定的其他事项。

分支机构还应当公示设立该分支机构的房地产经纪机构的经营地址及联系方式。

房地产经纪机构代理销售商品房项目的，还应当在销售现场明显位置明示商品房销售委托书和批准销售商品房的有关证明文件，如图 4-1 所示。

图 4-1　××房地产经纪机构公示的备案证书

北京市住房和城乡建设委员会
关于加强房地产经纪机构备案及经营场所公示管理的通知

各区住房城乡建设委（房管局），经济技术开发区房地局，各房地产经纪机构，各有关单位：

为进一步规范本市房地产经纪机构管理，提升房地产经纪机构服务水平，根据《房地产经纪管理办法》（住房和城乡建设部、国家发展改革委、人力资源社会保障部令第8号）等有关规定，现就加强房地产经纪机构备案及经营场所公示管理等有关问题通知如下。

一、凡在本市行政区域内从事房地产经纪活动（含通过互联网提供房地产经纪服务）的，应当依法在本市设立房地产经纪机构或分支机构，工商登记经营范围应当包含"房地产经纪服务"项目，并自机构成立之日起30日内到所在区房屋行政管理部门办理初始备案，取得《北京市房地产经纪机构备案证明》或《北京市房地产经纪机构（分支机构）备案证明》（以下简称备案证明）。

二、房地产经纪机构及分支机构备案证明所载内容发生变更的，应当自变更之日起30日内办理变更备案。

房地产经纪机构及分支机构住所跨行政区变更的，房地产经纪机构应当到迁入地的区房屋行政管理部门办理变更备案；分支机构应当先到迁出地的区房屋行政管理部门办理注销备案，再到迁入地的区房屋行政管理部门办理初始备案。

房地产经纪机构及分支机构的联系电话、股东、从业人员等其他备案信息发生变更的，应当通过北京市住房和城乡建设委员会网站（www.bjjs.gov.cn）房地产经纪管理系统（以下简称管理系统）及时修改。

三、房地产经纪机构及分支机构发生注销营业执照或营业执照被吊销等情形终止的，应当自终止之日起30日内办理注销备案并交回备案证明。房地产经纪机构注销备案后，其分支机构备案同时注销。

四、房地产经纪机构及分支机构备案证明遗失或破损的，可申请补证、换证。备案证明遗失，补发后仍使用原备案证明号，备案证明上注记"补证"；备案证明破损，换发后仍使用原备案证明号，备案证明上注记"换证"。

五、各房地产经纪机构及分支机构办理初始备案、变更备案、注销备案、补证、换证时，应当登录管理系统进行网上申请（新用户需先进行注册），在线打印备案登记表、授权委托书，并持相关材料（见附件）到区房屋行政管理部门办理。

六、房地产经纪机构及分支机构应当在经营场所醒目、便于公众翻阅的位置公示下列内容。

（一）营业执照、备案证明原件，分支机构还应当公示其所属房地产经纪机构备案证明复印件。

（二）服务项目、内容、标准，业务流程，收费项目、依据、标准，本市房地产交易资金监管有关文件，政府主管部门制定的房屋交易合同等示范文本。

（三）本经营场所全部房地产经纪从业人员姓名、照片、信息卡号。

（四）本机构有效投诉电话、12358价格举报电话。

（五）法律、法规、规章规定的其他事项。

七、区房屋行政管理部门受理房地产经纪机构及分支机构初始备案和变更备案的，应当自申请单位提交全部材料后7个工作日内办结；受理注销备案、补证、换证的，应当即时办结。

区房屋行政管理部门办理初始备案和住所变更备案时，应当实地核查。

八、区房屋行政管理部门发现房地产经纪机构及分支机构未按要求办理注销备案的，应当收回备案证明，直接注销其备案，公告备案证明作废。

区房屋行政管理部门根据备案的住所和联系电话无法联系的，记入备案机构警示名录，并通报工商行政管理部门。

九、区房屋行政管理部门应当将房地产经纪机构及分支机构备案所提交的书面材料存档，并将备案信息通过北京市住房和城乡建设委员会网站向社会公示。

公示信息包括企业名称、法定代表人或负责人、住所、注册资本、企业类型、统一社会信用代码（营业执照号）、备案证明编号、业务类型、全部房地产经纪从业人员等。

十、市、区房屋行政管理部门发现房地产经纪机构及从业人员有违反本通知规定的行为，应当依法查处并记入房地产经纪信用档案。

十一、本通知自 2018 年 4 月 15 日起施行。原《关于加强北京市房地产经纪机构备案管理的通知》（京建交〔2009〕369 号）、《关于规范房地产经纪机构经营场所信息公示的通知》（京建发〔2010〕73 号）同时废止。

特此通知。

深圳市房地产中介协会
关于要求房地产中介机构明确公示经营模式，恪尽告知义务的通知

深房中协字〔2020〕20 号

各房地产中介机构：

当前业内房地产中介机构加盟经营模式推广迅速，为确保消费者享有必要且同等知情权，保障我市房地产市场秩序，我会对中介机构经营模式规范要求通知如下，请各房地产中介机构遵照执行。

一、属于加盟性质的机构及其下辖分支机构，均应在对外服务的门店招牌以不小于门店招牌总面积的 1/8 比例标注加盟机构的名称 / 简称（如下图示例），明示经营性质。

新成立加盟性质的机构及其下辖分支机构，应当在取得房地产经纪机构备案证书后 30 日内按照上述要求在门店招牌上明示经营性质。

×××地产（加盟）

深圳市 ××× 房地产经济有限公司

二、属于加盟性质的机构及其下辖分支机构，应在经营场所显著位置公示品牌授权文件，品牌特许方、加盟机构全称，以及品牌特许方、加盟机构对消费者分别承担的权责事项。

三、品牌特许方对加盟机构及其店东、从业人员负有合规审查义务：其加盟机构及其分支机构应取得行政主管部门核发有效备案证书；店东及从业人员应履行实名登记手续。品牌方或加盟机构严禁为未备案、被列入经营异常名录或严重违法失信名单等机构及从业人员开展中介业务提供便利。

四、品牌特许方应指导并监督加盟机构在其各营业场所按《深圳市房地产市场监管办法》有关要求，全面公示必要信息。

五、如未按照上述要求公示经营模式的，将依据《深圳市房地产中介行业从业规范》"虚构事实或隐瞒真相，对相关当事人进行误导或欺诈，给当事人造成重大损失的"规定列入C类不良行为记录。

请各房地产中介机构于2020年7月31日前按照通知要求落实整改，如未完成后续将列入市场检查项目进行检查。

特此通知。

深圳市房地产中介协会

二〇二〇年五月二十九日

第二部分

团队建设管理

第5章 组建真正的团队

团队精神是企业的灵魂。一个群体若不能形成团队，就是一盘散沙；一个团队没有共同的目标，就不会有统一意志、统一行动，当然就不会有战斗力；一个企业没有灵魂，就不会具有生命力。

5.1 团队的概念

团队是指由两个或两个以上相互依赖的并且遵守共同的规则、具有共同的愿景、愿意为共同的目标而努力的互补技能的成员组成的群体，通过相互沟通、信任、合作和承担责任，产生群体协作效应，从而获得比个体成员绩效总和大得多的团队绩效。一个团体一定要具备图5-1所示的七种特征，才算是真正的团队，这样的团队才能发挥最大的作用。

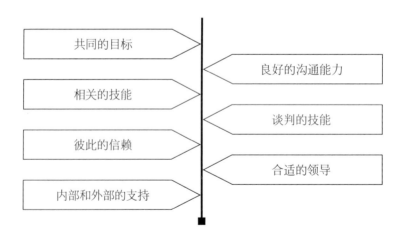

图5-1 真正团队的特征

5.2 明确共同的目标

组建团队的目的是什么？目标是方向，组建团队的目的就是完成一定的目标或使命。没有目标，团队就没有存在的意义，或者说没有目标的团队根本称不上是一个团队。

在团队建设管理中，不同角色成员的目标是不一致的。店长负责管理门店的整体业务，需要带领员工保质保量地达成销售业绩。由于地位和看问题的角度不同，因此不同员工对工作的目标和期望值会有很大的区别。店长应善于捕捉成员间不同的心态，理解他们的需求，帮助他们树立共同的奋斗目标。劲往一处使，使团队通过努力形成合力。

1. 目标的层次结构

一般来说，目标可以分为如图 5-2 所示的五个层次。

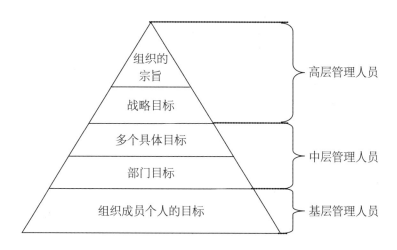

图 5-2 目标的层次体系

如图 5-2 所示，上一层的目标与下一层的目标连接在一起，下一层的目标来源于上一层的目标。目标管理需要将组织的整体目标层层分解下去，转化为每名基层员工的个人目标。

对于房地产门店来说，在大目标之下，应当将其分解成若干个子目标，目标区间与目标责任要明确，子目标位置要明确，且子目标能够动态发展，具有先进性与可执行性，员工努力即可达到，从而可以保证目标效果。

> 沟通传达是目标管理的重要手段，目标具有激励员工的重要作用，员工认可目标更有助于目标的落实。

2. 业务目标的设定

目标设定需要房地产门店全员共同完成。一般来讲，由高层管理者设定大目标；由中层管理者分解并传达目标；由员工反馈目标达成情况，保证目标的可落实性。也就是说，总目标自上而下逐级分解传达，子目标自下而上层层汇报反馈，以此促进门店不断发展。

一般来说，总经理（或门店经营者）每年都会设定店铺每月及全年的各项业务目标，店长再依据店铺经营成本、员工年资及能力，来设定个人及团队的业务目标。业务目标具体包括以下内容：

（1）业绩目标；

（2）经纪人数目标；

（3）获利目标；

（4）营业额目标；

（5）开发户数目标；

（6）成交户数目标；

（7）平均产值目标；

（8）佣收率目标。

3. 业务目标设定方式

业务目标设定方式如下。

（1）将一年的业务目标分配到每季／每月／每周。

（2）再根据经纪人过去的实践经验及能力水平，参照目前情况，并预测可能发生的变化，制定其目标，且于每月月底做当月的工作检讨和次月计划的修正。

（3）店长在分配业务目标时，要与经纪人充分交换意见，并加以参考及修正。

（4）每月月底前，店长将次月的工作计划送交上级。

（5）利用会议来提示／公布业务目标。

4. 目标设定的原则

目标设定的原则如图 5-3 所示。

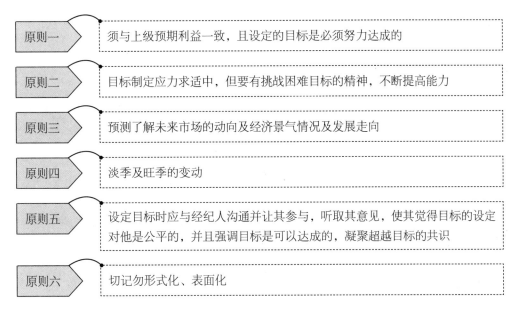

图 5-3　目标设定的原则

5.3　完善组织架构

组织架构决定门店的整体功能，并牵制着门店管理的效率与效能。因此，门店应自上而下建立推动精细化管理工作的组织架构，使门店所有员工明确工作职责、各司其职、各尽其责，做到事事有人负责、人人有事负责。

组织架构是表明组织各部分排列顺序、空间位置、聚散状态、联系方式以及各要素之间的关系的一种模式，是整个管理系统的"框架"。本着"市场—战略—结构"的原则，房地产中介门店可以按图 5-4 所示的步骤进行组织架构设计。

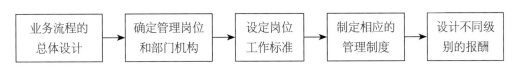

图 5-4　组织架构设计的步骤

1. 进行业务流程的总体设计

首先要围绕门店的战略目标、市场定位和产品定位进行业务流程的总体设计，并使流程达到最优化，这是门店组织设计的出发点与归宿，也是检验门店组织设计成功的根本标准。

2. 确定管理岗位和部门机构

按照优化后的业务流程岗位，根据服务岗位数量和专业化分工的原则来确定管理岗位和部门机构。它们是组织架构的基本单位，可以用组织图来表示。门店一般选择以层级管理为基础的业务区域制、直线职能制作为主要的组织架构方式。

3. 设定岗位工作标准

要对每个岗位进行工作目标与工作任务分析，规定每个岗位的工作标准：职责、内容、作业程序，并用"技术标准说明书""岗位说明书"等形式把这些内容固定下来，然后按照岗位工作的需要确定相应的人员编制，尤其要确定岗位所需人员的素质要求，因为它直接影响工作效率与事业发展。这也是人们常说的"因岗设人"。

　　一旦某一管理者的素质和能力不再符合岗位要求，就应该让其他更有素质和能力的人来承担其职责。

4. 制定相应的管理制度

管理制度是对管理工作中的基本事项、要素关系、运作规程及其相应的联系方式进行明确规定。它对整个组织运作具有标准事宜、整体目标方面的导向，并从根本上把门店当作一个整体来加以塑造。如果说前面三个步骤制造了组织架构中单独的"标准件"的话，那么，各项管理制度则是一个整体的门店所不可或缺的"连接件"。

5. 设计不同级别的报酬

门店要规定各种岗位人员的职务工资和奖励级差，总的原则是根据各岗位在业务流程中的重要程度、人员的素质与能力、任务量轻重、劳动强度大小、技术复杂程度、工作难易程度、环境条件差异、管理水平高低、风险程度大小等指标，按等量投入获取等量收益的边际生产力原理来考虑各岗位人员的报酬差别。

下面提供一份某房地产门店组织架构的范本，仅供参考。

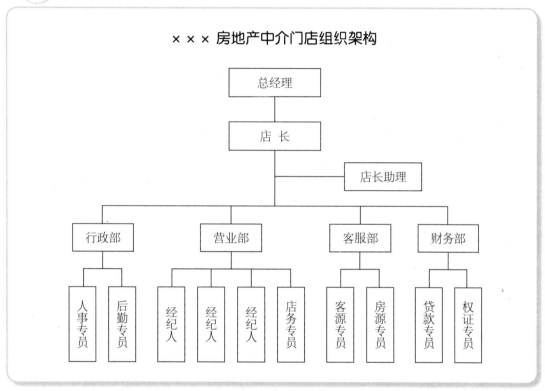

5.4 明确岗位职责

当门店确定了需要的员工人数后，应将每名员工从事的工作内容和职责明确公示，以便员工确切知道门店需要他们做什么，同时也为门店评价员工的表现确立标准。对此，门店应编制岗位说明书来约束员工的行为。

1. 岗位说明书的构成

岗位说明书由岗位描述和岗位规范两部分构成。

（1）岗位描述。岗位描述是指与工作内容有关的信息，包括职务概况、岗位工作目标、岗位工作特点、岗位工作关联等。

（2）岗位规范。岗位规范写明了岗位的任职资格。

例如，胜任该岗位的人员应该是什么学历，他应该有几年相关工作经验，他所具备的专业知识和技能有哪些。

2. 岗位说明书的作用

岗位说明书使员工知晓工作职责，也向管理人员提供了岗位的书面信息，便于管理者对工作进度、工作目标等情况进行对比。

3. 岗位说明书的格式

岗位说明书的格式没有明确的规定，门店可以根据自身情况设定，但是岗位说明书的内容必须建立在岗位调查的基础上，不经过调查就不可能得到岗位工作的全面信息。

4. 岗位说明书的修正

在实际工作中，随着规模的不断扩大，门店需要根据业务发展情况对已制定的岗位说明书进行修正和补充，以便与门店的实际发展状况保持同步。

岗位说明书最好是根据门店的具体情况进行制定，而且在编制时，要注意用词简单明了，内容越具体越好，避免形式化、书面化。

下面提供几份某房地产门店不同岗位的岗位说明书范本，供大家参考。

店长的岗位职责

部门	×××门店	岗位	店长
直接上级	总经理、分管副总经理	直接下级	本店各部门主管
岗位说明	1. 负责门店的业绩、销售计划及量化目标的制定和落实。 2. 负责门店的各项业务（如对门店工作环境和经纪人工作状态的监督，门店会议、销售、培训、签约等）的协调与完成。 3. 及时协调解决客户的各类投诉，并及时反馈有关信息，认真做好门店的各项服务工作。维护公司和门店的服务水平及美誉度。 4. 负责制作门店的销售统计与分析报表。 5. 帮助经纪人完成跟单、签约等各项业务。 6. 负责对门店内经纪人进行培训和管理，根据实际工作情况向公司提出奖励、留用、处罚或解聘经纪人等建议。 7. 定期向总经理提交工作报告及工作计划，服从领导的工作安排，协调好上下级关系。 8. 领导交办的任务及其他临时工作。		
任职要求	1. 大专及以上学历，专业不限。 2. 3年以上房地产中介门店管理工作经验，具有较强的店务管理经验。 3. 有较强的团队管理能力和沟通能力，能够承受较大的工作强度和工作压力。		

经纪人的岗位职责

部门	营业部	岗位	经纪人
直接上级	店长	直接下级	
岗位说明	1. 遵守公司及门店的各项规章管理制度，严于律己。 2. 对项目周边的市场进行调研，充分了解周边的详细情况。 3. 充分了解和熟悉市场资源，注重相互交流，拓展市场，做好迎接客户的各项准备工作。		

（续表）

岗位 说明	4.认真登记来电、来访客户的相关信息，形成来电来访登记表，并做好每一位客户的答疑工作。 5.熟练各项工作操作流程，按质按量完成各项工作任务。 6.认真参加公司组织的培训，并开展自我学习，提高自己的专业能力，增强业务水平。 7.与客户保持良好的关系，做好售后服务，保持良好的礼仪规范，树立公司及门店形象。 8.做好每一单客户的各项相关业务工作，将客户资料整理备份，确保工作内容完整、有序。 9.认真负责地催缴客户余款，保证公司的资金回笼。
任职 要求	1.口齿清晰，有较强的语言表达能力和沟通协调能力。 2.熟悉 Word、Excel 等基本软件操作方法。 3.有亲和力，工作积极主动，乐观开朗。 4.有较强的抗压能力和抗挫折能力，勇于接受房地产行业的压力和挑战。 5.做事认真踏实，为人正直诚恳。 6.责任心强，具有良好的团队精神和全局观念。

第6章　制定可行的制度

管理的精髓在于建立"游戏规则"。门店一定要建立制度，制度会说话，制度会管人。制度可以保障房地产中介门店的各项措施做到政令畅通，对门店管理起着决定性的作用。

6.1　员工行为准则

员工行为准则是指门店员工应该遵守的工作准则，它带有明显的导向性和约束性。这些规则包括仪容仪表、工作纪律、工作程序、待人接物、环卫与安全、素质与修养等几个方面的内容。

对房地产中介门店来说，要根据门店的实际情况和作业流程，为大家营造一个良好的工作环境，在不损害门店利益的前提下，做到人性化管理。

6.2　员工考勤制度

考勤管理是房地产中介门店对员工出勤进行考查的一种管理制度，包括是否迟到、早退，有无旷工、请假等。

考勤是组织纪律管理方面的基础性工作，考勤的三要素是时间、地点与责任。从考勤的三要素出发，考勤是在考查员工的责任与能力。

回顾一下你遇到过下面几种情况吗？

（1）有客户到访且需要咨询，员工却不在岗；

（2）你交代的工作需要信息沟通时，员工却不在岗；

（3）当你批评一位员工脱岗时，他却大声地反驳你："你怎么不把某人管好？"

这时，你会不会觉得很心烦？因此，作为店长，有必要通过完善考勤制度来增强员工的时间观念，提高员工的工作效率；更重要的是，这样做还可以大大改善门店的精神风貌，优化门店的整体形象。

6.3 员工奖惩制度

奖惩制度是指在日常运作中，对员工进行有目的的奖励和惩罚的制度。要想提升员工的工作积极性和效率，就必须让他们看到利益。这个利益可以是物质上的，也可以是精神上的。

房地产中介门店要结合店铺的实际情况，制定相应的奖惩制度，表扬先进，激励后进。

第 7 章　设计简洁的流程

流程的设计和优化在提升工作效率的同时，可以降低运营风险，促进房地产中介门店的规范化和信息化，具有重要的现实意义。

7.1　新建商品房楼盘代理业务流程

1. 新建商品房楼盘代理业务的类别

新建商品房楼盘代理业务的类别主要有表 7-1 所示的三种。

表 7-1　新建商品房楼盘代理业务的类别

序号	类别	具体说明
1	独家代理	房地产开发企业将新建商品房（一般是整个楼盘）的出售权单独委托给一家房地产经纪机构
2	共同代理	房地产开发企业将新建商品房的出售权同时委托给数家房地产经纪机构
3	参与代理	房地产经纪人参与已获得独家代理或共同代理授权的房地产经纪机构的销售业务，销售成功后，由独家代理或共同代理机构按照参与代理协议分配佣金

2. 新建商品房楼盘代理业务的基本流程

上述三种代理方式的业务流程差别不是很大，一般来说，其基本流程如图 7-1 所示。

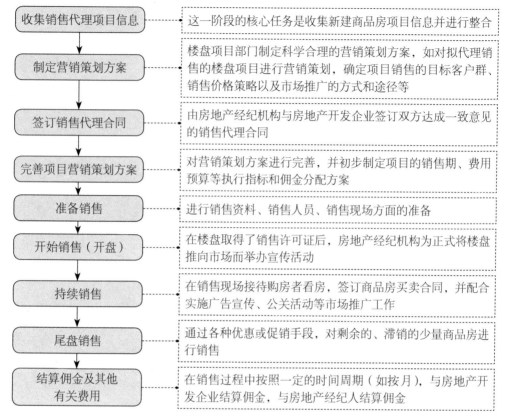

收集销售代理项目信息	┄┄	这一阶段的核心任务是收集新建商品房项目信息并进行整合
制定营销策划方案	┄┄	楼盘项目部门制定科学合理的营销策划方案，如对拟代理销售的楼盘项目进行营销策划，确定项目销售的目标客户群、销售价格策略以及市场推广的方式和途径等
签订销售代理合同	┄┄	由房地产经纪机构与房地产开发企业签订双方达成一致意见的销售代理合同
完善项目营销策划方案	┄┄	对营销策划方案进行完善，并初步制定项目的销售期、费用预算等执行指标和佣金分配方案
准备销售	┄┄	进行销售资料、销售人员、销售现场方面的准备
开始销售（开盘）	┄┄	在楼盘取得了销售许可证后，房地产经纪机构为正式将楼盘推向市场而举办宣传活动
持续销售	┄┄	在销售现场接待购房者看房，签订商品房买卖合同，并配合实施广告宣传、公关活动等市场推广工作
尾盘销售	┄┄	通过各种优惠或促销手段，对剩余的、滞销的少量商品房进行销售
结算佣金及其他有关费用	┄┄	在销售过程中按照一定的时间周期（如按月），与房地产开发企业结算佣金，与房地产经纪人结算佣金

图 7-1 新建商品房楼盘代理业务的基本流程

7.2 二手房经纪业务流程

1. 二手房经纪业务的类别

二手房经纪业务按照交易方式，可以分为以下两种类别。

（1）二手房买卖经纪业务。

（2）二手房租赁经纪业务。

2. 二手房买卖经纪业务流程

二手房买卖是房地产门店的主要业务来源，为了规范员工的行为、方便客户，房地产中介门店有必要设计一套简洁的操作流程。当然，不同门店的业务流程的设计也不尽相同，各门店应依据自身店铺的实际情况来设计流程。

下面提供一份某房地产中介门店二手房销售业务流程的范本，供大家参考。

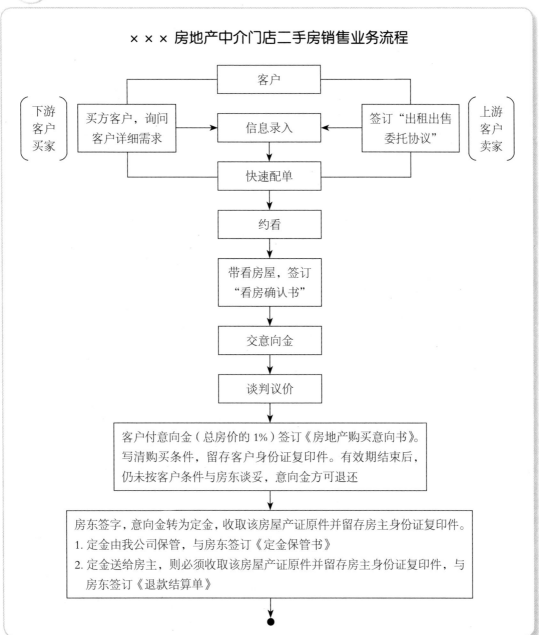

×××房地产中介门店二手房销售业务流程

客户

下游客户买家 ── 买方客户，询问客户详细需求 → 信息录入 ← 签订"出租出售委托协议" ── 上游客户卖家

快速配单

约看

带看房屋，签订"看房确认书"

交意向金

谈判议价

客户付意向金（总房价的1%）签订《房地产购买意向书》。写清购买条件，留存客户身份证复印件。有效期结束后，仍未按客户条件与房东谈妥，意向金方可退还

房东签字，意向金转为定金，收取该房屋产证原件并留存房主身份证复印件。
1. 定金由我公司保管，与房东签订《定金保管书》
2. 定金送给房主，则必须收取该房屋产证原件并留存房主身份证复印件，与房东签订《退款结算单》

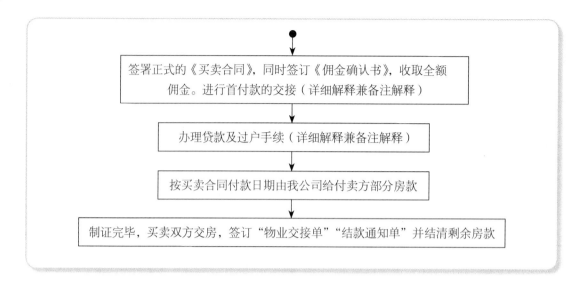

签署正式的《买卖合同》，同时签订《佣金确认书》，收取全额佣金。进行首付款的交接（详细解释兼备注解释）

办理贷款及过户手续（详细解释兼备注解释）

按买卖合同付款日期由我公司给付卖方部分房款

制证完毕，买卖双方交房，签订"物业交接单""结款通知单"并结清剩余房款

7.2 房屋租赁业务流程

房屋租赁是指出租人（一般为房屋所有权人）将房屋出租给承租人使用，由承租人向出租人支付租金的行为。租赁业务也是房地产门店不可小觑的业务，因此，房地产门店也应设计规范的操作流程，以便指导员工操作，也便于客户了解相关信息。

下面提供一份某房地产中介门店房屋租赁业务流程的范本，供大家参考。

范本

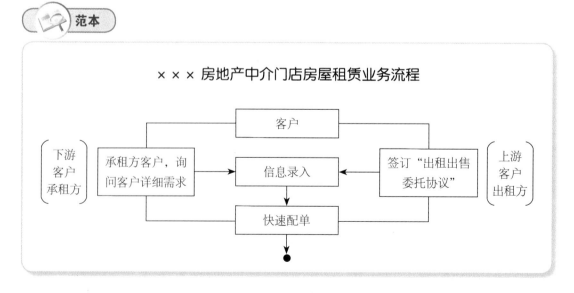

×××房地产中介门店房屋租赁业务流程

客户

下游客户承租方 — 承租方客户，询问客户详细需求 — 信息录入 — 签订"出租出售委托协议" — 上游客户出租方

快速配单

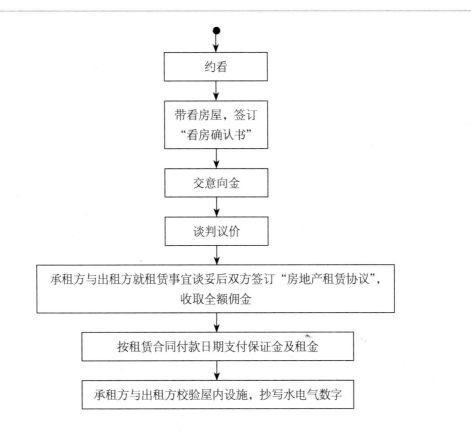

约看

↓

带看房屋，签订
"看房确认书"

↓

交意向金

↓

谈判议价

↓

承租方与出租方就租赁事宜谈妥后双方签订"房地产租赁协议"，
收取全额佣金

↓

按租赁合同付款日期支付保证金及租金

↓

承租方与出租方校验屋内设施，抄写水电气数字

备注：签订"出租出售委托协议"时，须验证出租方房屋产权证原件，签订"房地产租赁协议"，留存房主产权证及双方身份证复印件。

第8章　招聘合适的人才

有效的招聘可以提高员工的满意度，降低员工的流失度，减轻员工的培训负担，增强团队的工作士气，减少劳动纠纷，从而提高门店的业绩水平。

8.1　员工招聘的原则

房地产中介门店在招聘员工时，应该遵循如图8-1所示的原则。

图 8-1　招聘员工的原则

1. 因事择人原则

所谓"因事择人"，就是员工的选聘应以实际工作的需要和岗位的空缺情况为出发点，根据岗位对任职者的资格要求选用人员。

2. 公开、公平、公正原则

公开就是要公示招聘信息、招聘方法，这样既可以将招聘工作置于公开监督之下，防止以权谋私、假公济私，又能吸引大量应聘者。公平公正就是确保招聘制度给予合格应聘者平等的获选机会。

3. 竞争择优原则

竞争择优原则是指在员工招聘中引入竞争机制，在对应聘者的思想素质、道德品质、业务能力等方面进行全面考查的基础上，按照考查的成绩择优选拔录用员工。

4.效率优先原则

效率优先原则就是用尽可能低的招聘成本录用到合适的最佳人选。

5.德才兼备原则

人才招聘中必须注重应聘人员的品德修养，在此基础上考查应聘者的才能，做到以德为先、德才兼备。

6.先内后外原则

在人才招聘中，应先从公司内部选聘合适的人才，在此基础上进行对外招聘，从而充分运用和整合公司现有的人力资源。

8.2　员工招聘的方式

对于连锁房地产中介门店来说，一般有图 8-2 所示的两种招聘方式：门店自行招聘和委托总部招聘。

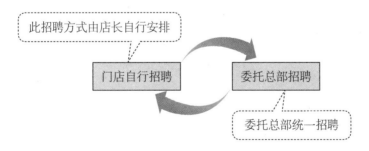

图 8-2　招聘员工的方式

8.3　员工招聘的途径

一般来说，房地产中介门店的招聘途径主要有以下几种。

1. 发布招聘广告

发布招聘广告是指在报纸等媒体发布招聘广告。一般来讲，招聘广告是写给求职者看的，主要由公司名称、公司简介、岗位名称、招聘名额、职位描述、职位要求、联系方式等几方面组成。

2. 门店张贴招聘海报

门店张贴招聘海报是指在门店橱窗上张贴统一设计的《×××房产招聘海报》，如图8-3所示，接待直接应聘者。

图 8-3　门店张贴的招聘海报截图

3. 网络招聘

在互联网技术高度发达的今天，网络招聘是一种有效的招聘手段，其招聘信息可以被定时定向投放，发布后也可以被实时管理，其费用相对比较低廉，理论上可以覆盖到全球。

目前有许多公司在自己的官方网站上长期设置招聘栏目，以吸引求职者的眼球，这种做法不仅能为公司招聘人才，而且增强了公司的广告效应和公司的知名度。图8-4所示就是某房地产公司官网发布的招聘信息。

图 8-4　某房地产公司官网招聘信息截图

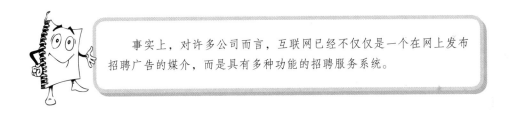

　　事实上，对许多公司而言，互联网已经不仅仅是一个在网上发布招聘广告的媒介，而是具有多种功能的招聘服务系统。

8.4　面试员工的技巧

　　店长在面试员工时，应掌握一定的面试技巧，以便招到更好、更合适的员工。在此，提供一份店长面试技巧汇总，如表 8-1 所示，供大家参考。

表 8-1　店长面试技巧汇总

序号	类别	具体说明
1	面试准备	（1）面试通知应简单明了，讲清楚面试的时间、地点、需携带的资料，应注意礼貌，以维护公司的形象 （2）审查候选人的申请表和履历表，特别应关注与本次面试职位相关的工作经验

（续表）

序号	类别	具体说明
1	面试准备	（3）清楚所要面试的职位要求 （4）选择合适的面试地点。理想的面试地点应是安静的，要确保不会有电话干扰面试，其他干扰也应降到最低 （5）预估面试所需的时间
2	建立和谐的气氛	（1）向应聘者问好，介绍自己的名字及职位，并对其前来本公司应聘表示感谢 （2）通过问一些没有争议的问题来缓和紧张的气氛，如天气、交通状况等，以缓解求职者的紧张情绪 （3）可与应聘者交朋友，这样做能很好地维护公司的声誉
3	提问	（1）尽量避免提出以"是"或"否"进行回答的问题，而要提那些需要应聘者更详尽地做出回答的问题 （2）不要将话"塞"进应聘者的嘴里，也不要传递你所期望获得的答案的信息，例如当候选人回答正确时你点头或微笑 （3）不要像审问囚犯那样审问应聘者，也不要采取讽刺或者漫不经心的态度 （4）不要让应聘者支配整个面试，相反要问开放性的问题，并倾听应聘者的回答，鼓励其充分表达自己的想法
4	面试索引	（1）清楚有关应聘者的所有资料（资历、工作经验、经济状况、家庭背景），可通过发问方式获得所需资料 （2）留意应聘者情绪的稳定性、多次转工的记录 （3）留意应聘者的仪容及衣着 （4）避免表现出有针对性的态度 （5）提出开放式的问题 （6）每次提出一个问题后，需暂停一会儿，等一两秒钟，耐心聆听并注意应聘者的手势及语调 （7）概括地介绍工作范围及晋升机会 （8）让应聘者知道最后的通知时间
5	背景询问范例	（1）你以往、现在的主要工作职位是什么，掌握了哪些技能 （2）职位是否发生过变化 （3）为什么你要辞去目前的这份工作 （4）请描述成功解决问题的一次经历 （5）你如何评价自己的优势和缺点

（续表）

序号	类别	具体说明
6	面试中的观测与评核	（1）根据实际情况有选择地进行提问并观察应聘者的行为反应：从回答中评估，或观察其身体语言（眼神、表情、姿势等）以作参考 （2）设定"技能测试"来测定应聘者的实操技能，如礼仪、服务意识、销售技巧、计算能力等
7	结束面试	（1）给予应聘者提问的机会 （2）应以积极的态度结束面试 （3）告知如果公司对其感兴趣，下一步将怎么办 （4）拒绝应聘者要讲究策略 （5）如果仍需考虑，则应告诉应聘者公司将尽快以书面形式通知面试的结果 （6）对应聘者参与面试表示感谢
8	回顾面试	（1）检查面试记录，填写面试表格 （2）趁面试的情景在头脑中尚清晰时，回顾面试的场面，以避免填写错误
9	通知上班的时间	（1）介绍公司的名称及门店号码、地址 （2）清楚告知上下班的时间 （3）交代所需携带的资料 （4）说明上班的衣着要求

第9章 培训入职的员工

房地产中介门店应加强对新员工的培训，以便让他们快速适应环境和新的工作岗位，更快地进入角色，提高工作绩效。

9.1 员工培训的目的

新员工培训，又称为"入职培训"，是房地产中介企业将聘用的员工从社会人转变成房地产企业人的过程，同时也是员工从组织外部融入组织或团队内部，并成为团队的一员的过程。房地产中介新员工培训的基本目的如下。

（1）让新员工了解企业的基本背景情况，包括企业历史、文化、战略发展目标、组织结构和管理方式。

（2）让员工了解工作流程与制度规范，帮助员工明确自己工作的职责、程序、标准，并使他们初步了解企业及其部门所期望的态度、规范、价值观和行为模式等。

（3）通过培训帮助新员工建立良好的人际关系，增强员工的团队意识与合作精神。

每一名新员工在试用期内，都需参加公司组织的入职培训，培训后的考核结果将作为员工可转正的依据之一。

9.2 员工培训的内容

成功的新员工培训可以起到传递企业价值观、核心理念并塑造员工行为的作用。一般来说，员工培训主要包括如图 9-1 所示的内容。

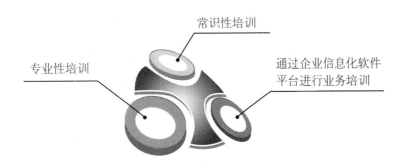

图 9-1　员工培训的主要内容

1.常识性培训

常识性培训，是指向员工介绍企业的发展历程、企业文化、管理理念、组织结构、发展规模、前景规划、产品服务与市场状况、业务流程、相关制度和政策及职业道德等方面的内容，使员工可以全面了解企业，并激发员工的使命感。

2.专业性培训

专业性培训，主要包括介绍部门结构、部门职责、管理规范，讲授基本的专业知识技能、工作程序与方法、关键绩效指标等。

3.通过企业信息化软件平台进行业务培训

业务培训，是指房地产中介企业对新员工进行有关房地产行业知识、房地产中介业务知识、房地产政策、业务开拓技巧等一系列有关今后工作内容的业务培训。

例如，房管家ERP中介软件提供先进的业务问答管理平台，能够让新员工在通过常识性培训和专业性培训阶段后，独立进行业务知识体系培训，能够让新员工更快地了解房地产行业业务知识，以及公司的日常工作流程。

9.3　编制培训大纲

新员工在门店报到后，店长应安排学习计划，帮助其更好地理解企业文化及经纪行业。新员工入职前学习以企业文化学习、商圈调查为主，同时企业应结合实际情况观察其工作态度，并对其进行房地产基础知识、业务技能方面的辅导。

9.4 进行培训考核

新员工在接受完入职培训后，需要进行考试，从而决定其是否可以顺利办理入职。一般入职考核包括商圈考核、店长考试、区域经理考核3个部分。

1. 商圈考核

商圈考核以每天的新人"跑盘明细表"（见表9-1）及商圈图、户型图为准（见图9-2）。

表9-1　跑盘明细表

楼盘名称／地址				
开发商				
总建筑面积		绿化率		
总楼数		总户数		
楼龄		房本时间		
建筑类型		产权性质		
现售均价		地区指导价		
不同户型出租价	一居：	二居：	三居：	
贷款成数				
物业公司名称				
物业费用				
采暖方式		费用		
水费		电费	燃气费	
车位数量		价位		
楼盘周边设施	配套设施	设施名称		
	公共交通线路			
	公园			
	超市商场			
	娱乐场所			

（续表）

楼盘周边设施	学校	
	医疗机构	
	周边中介	
	其他设施	
该楼盘卖点		
店长点评		
员工确认		店长确认	

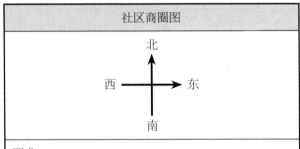

社区商圈图
北 西 ← → 东 南
要求： （1）绘制区域主干道及内部主要支路 （2）在图中标注银行、学校、医院、公交车站、菜市场、知名的餐馆、娱乐休闲场所、商场、超市、其他中介机构等 （3）标注区域内楼盘项目、住宅小区的位置及名称 （4）对所经过的某店面进行标注并索要店长名片

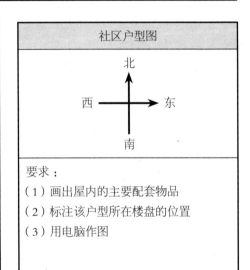

社区户型图
北 西 ← → 东 南
要求： （1）画出屋内的主要配套物品 （2）标注该户型所在楼盘的位置 （3）用电脑作图

图 9-2　社区商圈图及户型图

2. 店长考试

店长根据新人的学习内容进行每日测试，例如，新人是否了解区域、店面的组织结构、人员名称、企业及店面文化；是否了解行业的工作特性等。具体的面谈内容要结合学习内容展开。学习结束时要对新人进行笔试，对于考试成绩合格者，最终店长做出综合评价供区域经理参考。

下面提供一份某房地产中介门店辅导计划完成表与新入职人员测试题范本，供大家参考。

 范本1

×××房地产中介门店辅导计划完成表

考核项目	店面实习	是否达成	责任人
知识	了解店内组织结构、企业文化、人事制度等	□是 □否	店长
	培训中介服务的流程、交易流程、收费标准等业务知识	□是 □否	店长
	了解房地产的基础知识	□是 □否	店长
	掌握房地产的交易税费计算方法	□是 □否	店长
	了解公司的规章制度及各种工具表格的使用方法	□是 □否	助理
技能	掌握商圈调查的技能和方法	□是 □否	店长
	了解电话开发的技巧及注意事项	□是 □否	店长
	掌握画户型图的技巧	□是 □否	店长
态度	遵守公司规章制度（迟到早退、着装规范）	□是 □否	助理
	保持积极的工作态度（有无抱怨）	□是 □否	助理
	与同事相处融洽	□是 □否	助理
	勤奋工作	□是 □否	助理
	有强烈的学习意愿	□是 □否	助理
	适应房地产经纪行业	□是 □否	店长
	认可公司的企业文化	□是 □否	店长
业务目标	至少进行两次内网电话开发	□是 □否	店长
	至少进行五次商圈调查并填写"跑盘明细表"	□是 □否	店长
	至少两次陪同开发	□是 □否	店长
	至少两次陪同带看	□是 □否	店长
	至少开发一位客户	□是 □否	店长
	能独立绘制户型图	□是 □否	店长

（续表）

考核项目	店面实习		是否达成	责任人
	背诵十条房源信息（位置、楼层、朝向、户型、面积、价位、产权性质、房龄、装修状况）		□是　□否	店长
	独立进行外网开发		□是　□否	店长
店长确认		助理确认	区域经理确认	

×××房地产中介门店新入职人员测试题

一、填空题（每空 2 分，共 18 分）

1. 公司的全称是＿＿＿＿＿＿＿＿＿＿＿＿＿，成立时间是＿＿＿＿＿＿＿＿。

2. 我们的企业愿景是＿＿＿＿＿＿＿＿＿＿＿＿＿＿＿＿＿＿＿＿＿＿。

3. 我们的服务宣言是＿＿＿＿＿＿＿＿＿＿＿＿＿＿＿＿＿＿＿＿＿＿＿。

4. 店内上班时间为＿＿＿＿＿＿＿，分店内着装要求是＿＿＿＿＿＿＿＿＿＿＿＿。

5. 分店内接电话的话术是＿＿＿＿＿＿＿＿＿＿＿＿＿＿＿＿＿＿＿。

6. 买卖业务的收费标准是买方＿＿＿＿＿，卖方＿＿＿＿＿。

二、简答题（每题 10 分，共 40 分）

1. 列举出自己店面周边商圈覆盖的社区（至少包含名称、总楼数、总户数、近期成交价）。

＿＿＿＿＿＿＿＿＿＿＿＿＿＿＿＿＿＿＿＿＿＿＿＿＿＿＿＿＿＿＿＿＿＿

2. 列举出目前店面的聚焦房源和买卖双方需要准备哪些资料（商业贷款）。

＿＿＿＿＿＿＿＿＿＿＿＿＿＿＿＿＿＿＿＿＿＿＿＿＿＿＿＿＿＿＿＿＿＿

3. 列举×××不允许触碰的制度红线（至少 5 条）。

＿＿＿＿＿＿＿＿＿＿＿＿＿＿＿＿＿＿＿＿＿＿＿＿＿＿＿＿＿＿＿＿＿＿

4. 简述公司的核心价值观。

＿＿＿＿＿＿＿＿＿＿＿＿＿＿＿＿＿＿＿＿＿＿＿＿＿＿＿＿＿＿＿＿＿＿

三、计算题（每题 21 分，共 42 分）

1. 小张贷款买房，房价为 70 万元，评估价为 67.5 万元，首付款为 3 成，他应该付多少钱？

_____

2. 详细写出店面新上某套房源所交的税费。

_____

第 10 章　推行绩效考核

10.1　制定绩效考核的目标

绩效管理是团队管理中的重要环节，它可以反映经纪人的工作效果及其未来的工作潜能。门店通过绩效评估，可以激励先进、鞭策后进，促进团队的整体发展，从而提升门店整体的工作效率。因此，店长需要负责制定门店员工的绩效目标。

1. 目标的制定

为了使团队成员明确努力方向，也便于店铺进行工作分析和绩效评估，店长应及时为团队成员制定切合实际的绩效目标。店长在制定团队成员绩效目标时，应做好以下工作。

（1）根据组织目标制定团队成员的绩效目标，使团队成员的绩效目标与组织预期实现的总体目标相符合。

（2）团队成员绩效目标应具有较强的挑战性，虽有一定难度，但经过努力能够实现，这样有利于发掘团队成员的潜能。

（3）团队成员绩效目标及其评估标准，应为团队成员所接受，这样才能有利于团队成员加强自我管理。

2. 制定原则

只有根据一定的原则制定绩效目标，才能确保工作朝着正确方向推进。店长在制定绩效目标时，应遵循表 10-1 所示的原则。

表 10-1　绩效目标的制定原则

序号	原则	具体要求
1	个性化	即使房地产经纪人的工作职责描述相同，但是针对不同经纪人要设定不同的目标。只要在他们的绩效目标中承认了其独特的需要、技术与能力，他们就可以以不同的方式实现自己的绩效目标

（续表）

序号	原则	具体要求
2	过程性	制定目标的过程比创立目标更重要。因为在沟通过程中，房地产经纪人形成了自己努力贡献的意识，其意识到为了实现组织整体目标，必须做出贡献
3	可度量性	制定可度量的绩效目标，且制定的目标要保证具有可实施性与可达成性
4	一致性	店长与房地产经纪人就各个目标达成共识，对个体目标如何对整体目标的达成产生联动影响要有一致的理解，这种上下一致的理解对目标的达成十分重要
5	反馈性	在工作年度中，如果对设定目标没有任何反馈与沟通，再完美的目标也形同虚设。设定目标的一个重要原因就是在工作中让房地产经纪人进行自我监督，并通过正式或非正式的讨论，发现实现工作目标过程中的隐患，从而在以后的工作中不断提升自己

3. 目标内容

目标包括两部分：第一部分描述团体成员必须实现的绩效，即"做什么工作"；第二部分描述用于评估经纪人是否实现目标的标准。让我们看以下的例子。

（1）可以量化的目标。例如，

目标：增加20%的销售率。

第一部分描述的是"做什么"即销售。第二部分描述的是量化指标即"增加20%"，可以用来度量整体目标是否实现。就这一目标而言，第一部分太模糊，只有加上第二部分之后，才能形成具体的测量年度绩效进步的标准。

（2）不容易量化的目标。例如，

目标：房源开发能力有所提升。

这一目标中，"做什么工作"是"房源开发能力的提升"，但是其标准却是很难度量或计算的。怎样才算是有所提升？如果你能界定或描述你所指的"提升"是什么，就不会产生这种问题，这一点很重要。因此，目标应该是可以量化的，如"每月增加10%的房源开发量"。

（3）可使绩效标准具体化的方法

在上面的例子中，我们关注的是我们想要得到的。有时候，详细明确我们不希望得到的结果会更容易，如"每月拜访150个客户，其中只有2个或2个以下可能流失"。

4. 目标可测量化

绩效目标没有标准的格式。有的目标采用书面文字的表达方式。理想的状况是绩效目标具体化、数量化。目标越具体，经纪人与店长就越有可能就目标的内涵达成共识，这是至关重要的。

（1）非常模糊的绩效目标。例如，

目标：确保所有经纪人正确完成工作任务。

这是一种笼统的描述，实际情况可能是对不同经纪人意味着不同的目标，对店长也一样。到了讨论与评估绩效的时候，对绩效的不同理解会导致冲突的产生，所以这种目标太泛化了。

（2）比较清晰的目标。例如，

目标：完成月度工作报表，并在月底前把报表上交店长。

与以上的例子进行比较，这一目标具体得多。到了评估经纪人是否实现目标的时候，这一评估过程会很直接明了。店长与经纪人只需要回答一个问题：月度报表是否完成并在月底上交店长。

设立目标有一个权衡取舍的过程，因为目标越具体、覆盖范围越小，就需要设立越多的目标并准确规定一个经纪人要实现什么绩效。有时候我们抓住收益递减规律成功地设立了目标，但目标设定却成了消耗时间的过程，让人精疲力竭，若因此导致设立目标的成本超过目标所带来的收益就得不偿失了。

（3）具体可以被测量的目标。例如，

目标：完成每周踩盘报告，踩盘报告的数据必须准确，上交之后不需再作修改。在每个周末把报告上交店长，并且报告内容要达到店长要求的标准。

这是一个具体的目标，它可以被测量。但是，你能想象出为每个人订立这种目标的情形吗？这的确是一个问题。所以，店长在设定绩效目标时，要努力实现某种程度的平衡，使目标足够具体，保证员工与店长对目标的内涵达成一致理解，同时避免耗时耗力地起草过于具体的目标，从而保证其测量性与可操作性，提升整体绩效水平。

10.2　制定绩效考核的办法

绩效考核的办法多种多样，主要如图 10-1 所示。

图 10-1　绩效考核的办法

1. 书面评语

书面评语是一种最简单的考核法，是指评定人用书面形式描述被评定人的优缺点、过去的表现、将来的发展潜力以及建议改进的地方等。

2. 关键事件法

关键事件法，是指把经纪人在关键事件中的各种杰出表现或明显不足记录在案，由此指出哪些是积极的行为，哪些是不理想的行为。

3. 排队法

排队法，是指把所有经纪人的表现进行比较，通常以"总的绩效"为基准，做出从最佳到最差的排序。

4. 量表评估法

量表评估法是应用最广泛的绩效评估方法。绩效评估表通常包括几项有关评估的项目，如对工作成果、工作中的行为及工作态度等项目设立具体的评分标准，最后把各项得分相加，得出每个人的绩效评分。

5. 目标评定法

目标评定法，是指为经纪人确定目标并提供绩效标准，按照经纪人达到目标的程度独立评估。这种评估方法的最大优点在于为经纪人的工作成果确立了明确的目标，能激励经纪人尽量向目标靠拢。

10.3　绩效考核的反馈

反馈是绩效考核中的最后一个环节，也是最重要的一个环节。绩效反馈的目的是让被考核者了解自己的绩效情况，将管理者的期望传递给被考核者。

绩效反馈的途径有很多，但其中最直接、最有效的是店长与员工的面谈。通过面谈，店长不仅可以准确地将绩效考核结果告知员工，更重要的是，在面谈中店长与员工通过面对面的交流，双方可以针对考核结果共同讨论并研究出改进的方案。

1. 绩效面谈的目的

店长与员工进行绩效面谈，具有如图 10-2 所示的目的。

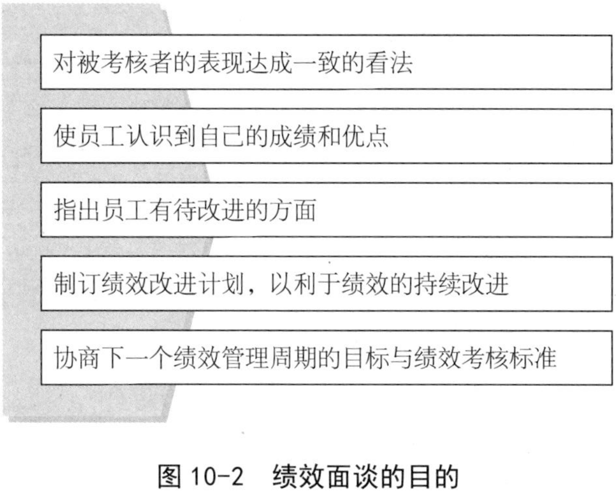

对被考核者的表现达成一致的看法

使员工认识到自己的成绩和优点

指出员工有待改进的方面

制订绩效改进计划，以利于绩效的持续改进

协商下一个绩效管理周期的目标与绩效考核标准

图 10-2　绩效面谈的目的

2. 绩效面谈的准备

店长在与员工进行绩效面谈之前，应做好如图 10-3 所示的准备工作。

图 10-3　绩效面谈的准备工作

10.4　绩效考核结果的应用

绩效考核本身不是目的，而是一种手段，应该重视考核结果的运用。绩效考核的结果可以应用于多个方面，既可以为人力资源管理提供决策信息，也可以为员工个人在绩效改进、职业生涯发展方面提供借鉴。绩效考核结果的具体运用表现在图 10-4 所示的四个方面。

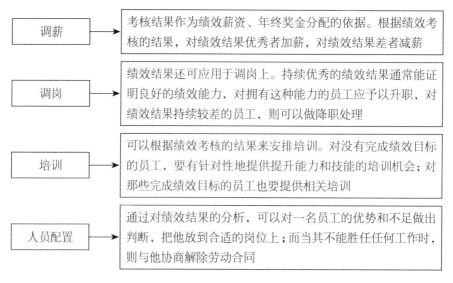

调薪	考核结果作为绩效薪资、年终奖金分配的依据。根据绩效考核的结果，对绩效结果优秀者加薪，对绩效结果差者减薪
调岗	绩效结果还可应用于调岗上。持续优秀的绩效结果通常能证明良好的绩效能力，对拥有这种能力的员工应予以升职，对绩效结果持续较差的员工，则可以做降职处理
培训	可以根据绩效考核的结果来安排培训。对没有完成绩效目标的员工，要有针对性地提供提升能力和技能的培训机会；对那些完成绩效目标的员工也要提供相关培训
人员配置	通过对绩效结果的分析，可以对一名员工的优势和不足做出判断，把他放到合适的岗位上；而当其不能胜任任何工作时，则与他协商解除劳动合同

图 10-4　绩效考核结果的运用

10.5　建立激励机制

房地产经纪行业人员队伍相对不稳定，人员流动率较大，这是行业不成熟的表现，不利于门店的长远发展。因此，如何建立有效的激励机制，留住优秀的房地产经纪人，极大地激发房地产经纪人的工作热情，是房地产门店人力资源管理方面的重要课题。

1. 构建多角度的薪酬体系

房地产中介企业要建立即时激励与长期激励相结合、个人激励与团队激励相结合、物质激励与精神激励相结合的薪酬体系。房地产中介企业还需根据岗位评估，确定岗位定级；根据每个人所具备的知识、技能、经验、素质，清楚每位员工对岗位的胜任程度，从而确定其个人岗位层级。在每年年末，盘点每位员工的绩效考核成绩，视情况调整其下一年度的个人定级情况。建立这种薪酬体系能起到大大激励门店员工的作用。

2. 建立全方位的绩效管理体系

绩效管理体系的建立对激励机制具有重要的作用，在此过程中，企业应从物质激励和企业文化等方面全方位考虑。

（1）在物质激励方面，房地产中介企业应根据公司经营责任状况及工作目标对不同人员的职责制定出具体的量化考核指标，同时也要兼顾非量化指标。从某种意义上讲，这些指标能促使优秀员工从优秀走向卓越。

（2）企业文化也是不可或缺的激励因素，它能对广大员工产生积极作用。所以，企业应建立倡导奖优罚劣的企业文化绩效管理体系，发挥榜样的示范作用。

3. 设计人性化的福利制度

福利制度的实施，体现了门店的人性化关怀，增强了房地产经纪人的归属感，激发了房地产经纪人的动力和活力，同时也体现了门店"细微之处见真情"的管理理念，有利于凝聚人心。

下面提供一份某房地产中介门店经纪人福利制度的范本，供大家参考。

 范本

×××房地产中介门店经纪人福利制度

为了加强房地产经纪人的归属感，体现人文关怀，进一步推动公司门店文化建设，从而形成良好的门店向心力和凝聚力，根据公司的具体情况，特制定以下福利制度。

1. 住房

根据各地市政府保障职工住房基本需要的要求，公司为本地房地产经纪人或持有居住证的外地房地产经纪人缴纳住房公积金。

2. 医疗

公司于每年 5 月～10 月组织房地产经纪人进行一次体检，以确保每位房地产经纪人健康地投入工作。体检由行政人事部统一组织，在公司指定的医院进行，体检结果由行政人事部备案。

3. 节日津贴

按照我国的民族传统习惯，每年的端午节、中秋节、春节、三八妇女节，公司给房地产经纪人发放过节费。具体的发放标准见后面的列表。

4. 防暑降温费

在 7 月～9 月，公司每月会给房地产经纪人发放固定的防暑降温津贴。具体的发放标准见后面的列表。

5. 礼金

公司要求房地产经纪人激情工作、认同公司使命。为发扬以人为核心的门店文化，公司在房地产经纪人结婚、生子、生日、住院、直系亲属去世等情况发生时，向房地产经纪人赠送礼品或礼金以示关怀。具体的发放标准见后面的列表。

6. 娱乐活动

为了丰富房地产经纪人的业余生活，增强房地产经纪人对公司文化的认同感，公司根据房地产经纪人的建议组织各种娱乐、文体活动。

7. 旅游

公司组织一年一度的房地产经纪人旅游活动，旅游经费视房地产经纪人在公司服务的年限而定。

（1）进入公司工作未满一年者，年度旅游需自付 50% 的费用。

（2）工作满一年而未满两年者，年度旅游需自付 20% 的费用。

（3）工作满两年者，年度旅游无须自付费用，但最高旅游经费为每人每年 1 000 元。

（4）年度旅游可携带家属，其费用全额自付。

8. 通信费

根据个别工作岗位的需求，定额报销通信费用。

9. 其他

公司所有的福利政策皆为集体活动行为，个人不参加者视为自动放弃，公司不作现金或其他方式的补偿。

福利费用发放标准

福利名称	福利标准
体检	1 000 元
端午节	500 元
中秋节	500 元
春节	3 000 元
三八妇女节	200 元
防暑降温费	500 元
房地产经纪人结婚、生子、住院、直系亲属去世	1 000 元
房地产经纪人生日	500 元

5. 采取多种激励方式

除此之外，还有一些局部的激励方式也是企业不容忽视的。

房地产门店在建立激励机制时，应灵活运用不同方案。下面介绍一些常见的激励方式。

◇给工作满 6 个月以上的房地产经纪人设置培训津贴。

◇成立活动俱乐部（每 3 个月各俱乐部可报销 1 000 元费用）。

◇举办与老总共进晚餐的活动。

◇选择某个度假村或培训中心举办培训。

◇组织业绩好的人员去国内外旅行。

◇通过抽奖的方式赠送电视机、冰箱等大件电器。

◇为业绩优异者颁发销售奖杯、奖牌及现金。

◇特殊节日送礼物，如中秋节、三八妇女节。

◇在销售会议上当众对房地产经纪人表示感谢。

◇给每位员工赠送生日礼物、生日蛋糕。

◇老总亲自打电话鼓励业绩好的房地产经纪人。

◇为房地产经纪人购买资料、励志图书。

◇请销售精英参加某些特殊会议，给其发言机会。

◇组织房地产经纪人看电影。

◇竞选微笑大使、礼仪先生 / 小姐。

◇举办羽毛球、足球、篮球等体育比赛。

◇设置服务年限奖、荣誉奖。

◇适当延长带薪假期。

◇赠送购物卡、体检卡。

◇制作里程碑：设置 5 年、10 年、15 年的里程碑并刻上房地产经纪人的姓名。

◇制作并颁发"HCSC"（荣誉、信心、服务、合作的英文首字母缩写）奖章。

◇设置成就分享计划：所有房地产经纪人工资中的 8% 为浮动工资；若经纪人完成预定目标的比例低于 8%，则不能享受涨薪待遇；若完成预定目标的比例为 8% ～ 10%，则涨薪 5% ～ 8%；若完成预定目标的比例为 10% 以上，则涨薪 9% ～ 10%。

◇编纂公司"年鉴"，优秀房地产经纪人可被录入"年鉴"。

◇拍摄门店宣传片，优秀房地产经纪人可参与拍摄。

◇给办公室营造一种家的感觉：在高级房地产经纪人的办公室设置比较舒适的办公椅、办公桌、沙发、高配置电脑。

◇拓展训练、网球训练。

◇为优秀房地产经纪人配发股权。

6. 实行有效激励

对经纪人这样一个充满压力与挑战的职业来说，激励尤为重要，良好的激励有助于提高经纪人的工作热情与动力。但是店长在制定和实施员工激励政策时，也要讲究方法，具体如表 10-2 所示。

表 10-2　激励的艺术

序号	激励艺术	具体内容
1	激励必须及时	现代心理学研究证明，及时激励的有效率为 8%，滞后激励的有效率为 7%。适当缩短常规奖励的时间间隔，保持激励的及时性，更有助于取得最佳激励效果；频繁的小规模的奖励会比大规模的奖励更有效；减少常规定期的奖励，增加不定期的奖励，让经纪人有更多意外的惊喜，也有利于增强激励效果
2	激励面要广	科学的激励方法是缩小奖项、扩大受奖面、多设集体奖、少设个人奖，而且要特别注意对经纪人的微小进步及时给予鼓励
3	奖励要因人而异	要根据经纪人的个性心理特征，采取相应的激励方式
4	重视过程激励	不仅表扬那些获得优异成绩者，也要表扬那些尚未成功的努力者，特别是虽然遭受挫折但毫不气馁的奋斗者
5	给激励注入真情和真诚	管理者的赞扬只要是出于真心，哪怕只是一个眼神、一句话、几个字都会起到意想不到的效果。特别是当经纪人对自身缺乏足够的自信时，往往会感怀于细言微行，这时来自管理者的真诚赞美和鼓励必然会产生极大的激励作用

　　车可以行驶，靠的是引擎；飞机可以飞翔，靠的是引擎；而激励对员工来说就像是引擎一样，给员工提供动力。因此，店长有必要对员工实施激励管理。

　　下面提供一份某房地产中介门店激励制度的范本，供大家参考。

 范本

×××房地产中介门店激励制度

一、嘉奖制度

1. 每位恪尽职守、热诚服务、业绩卓著的员工均可获得嘉奖资格。

2. 嘉奖分店内嘉奖、区域嘉奖、全国嘉奖和全球嘉奖四个方面。

3. 店内嘉奖

（1）早晚会通报表彰

（2）张榜表扬

（3）授予荣誉称号

（4）出席上一级嘉奖会议

注：嘉奖的类别和数额由店长根据员工贡献情况决定。

4. 区域奖励由 ×× 区域统一制定。

每半年区域会评选优秀经纪人、最佳经纪人，颁发奖品、奖状及获奖经纪人徽章；获奖名单会在 ×× 地产中国区域的内部杂志及网络上刊载。

5. 年度优秀经纪人可以获得免费外出培训学习的机会。

二、晋升制度

1. 初级

经纪人助理：新招募的员工，正处于试用期的员工，无房地产中介销售经验。

房产（实习）经纪人：有房地产销售经验；新招聘员工，正处于试用期的员工。

2. 中级

房产经纪人：有房地产销售经验，取得房地产经纪人资格证书，经过 ×× 地产 ×× 区域培训试用合格并通过 21PLUS 初级（房源及客户开发技巧）培训者。

3. 高级

资深经纪人：通过 21PLUS 课程及在岗培训并取得证书，持有房地产经纪人资格证书，具有房地产销售经验，能独立完成销售个案。

4. 特级

高级经纪人：在 ×× 房地产体系内从业一年以上，有熟练的销售技巧和丰富的专业知识，持有国家经纪人资格证，业绩突出，能带领和培训新销售人员。

第三部分

门店日常管理

第 11 章　门店早会管理

　　早会是贯彻公司经营政策的最佳时刻，是进行营销活动管理的重要手段之一。在许多房地产从业人员心目中，每天的早会就是上班的开始。因此，从某种意义上说，早会的品质对房地产中介门店经营起着至关重要的作用。

11.1　早会的重要性

　　对于房地产中介门店的经纪人来说，开早会可以达到如下这些效果。

　　（1）通过早会学习与业务相关的知识和技巧，有助于经纪人在不断变化的市场调整自己的策略，以适应市场变化。

　　（2）在早会时间及时交流盘源和客户需求，有助于经纪人及时实现盘源和客源的配对，从而做到快速成交。

　　（3）宣导和落实公司政策，使公司高层和基层业务人员能良好地互动。

　　　　房地产中介行业是个信息行业，信息的对称程度与团队的业绩更是息息相关，门店早会是盘源和客源交流的重要场合，同时也是同事交流经验和分享信息的重要时段。

11.2　早会的目的

　　房地产中介的基层管理者有责任将每一名员工由一个普通职员转变成专业的"地产中介人"。早会的目的，除了营销管理之外，还有塑造门店的营销文化。具体来说，早会应该达到图 11-1 所示的目的。

1	早会是业务团队每天出发前的热身运动，是业绩的启动点
2	早会能提升门店人员士气，它是最好的激励活动
3	通过早会优化人员的管理，增强门店凝聚力
4	通过早会建立门店文化模式，贯彻团队经营思想

图 11-1 门店早会应达到的目的

11.3 早会的内容

早会内容应尽量避免空洞、深奥且脱离实际的理论或论题，而应设立亲切具体、易于实行或稍加努力就可以达到的目标。早会可以包括以下内容。

（1）宣导公司政策。

（2）员工入司、晋升仪式。

（3）交流盘源和客户需求。

（4）检查员工每日行程、工作计划与总结。

（5）欢乐时光。

（6）阅览财经新闻（注意各大新闻网站、报纸的房地产板块新闻）。

（7）开展知识竞赛、辩论比赛、演讲比赛。

（8）头脑风暴、集体创作。

（9）分享经验。

（10）激励士气。

（11）开展专题教育与训练。

（12）填写与收集各种资料。

（13）跟催交易流程。

（14）进行角色扮演。

（15）研讨个案、集思广益。

（16）举办庆生会。

11.4 早会成功的要点

如果每天的早会只是看新闻、谈体会，甚至只有公司政令宣导，难免会让员工感到乏味无趣。因此，店长在平时要多方面搜集各种资料备用，灵活地运用多种活动方式，使员工的热情持续下去。

1. 确定早会的主题

早会一定要有主题，千万不要漫无目的地聊天，尤其要避免聊那些与工作无关、与主题无关的事情，否则不但浪费了宝贵的时间，还会使人心涣散。作为店长，一定要清楚这次早会的主题是什么。

图 11-2 所示的就是某房地产中介门店一周早会主题。

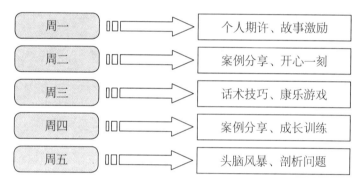

图 11-2 某房地产中介门店一周早会主题

这五个主题中既有严肃的话题、实用的技巧，也有轻松幽默的笑话、欢快的手语舞、启迪人心的小游戏、开发智慧的成长训练，做到了严肃活泼、人人参与，参与多少，收获多少。

下面提供一份某房地产中介门店早会小游戏集锦的范本，供大家参考。

 范本

×××房地产中介门店早会小游戏集锦

一、抱团打天下

游戏方法

（1）让全体人员肩膀搭肩膀围成一圈或站成一排。

（2）主持人站在台中。

（3）公布游戏规则，比如我说3，大家要迅速凑成3人组合，这3个人要抱得紧紧的，不许外来人员侵入；说5，要迅速凑成5人组合。

（4）每次都请被挤出局的人站在一边。

（5）团队成员都蹲下，主持人喊"一、二、三"看哪个组起得快。

（6）玩过几次之后，请两个始终被抱在团队中的人上场。

（7）主持人请出局和未出局的人谈一下感想；请起得最快的团队谈一下感想，根据他们所说的，总结游戏后的感悟。

分析

通过体验，让员工感受到团队的力量，做事情要大家协调一致，才能在最短的时间里更快地达成目标。

二、瞎子走路

游戏方法

两人一组（如A和B），A先闭上眼将手交给B，B可以虚构任何地形或路线，口述注意事项指引A进行。例如，向前走，迈台阶，跨东西，向左拐或向右拐；然后交换角色，B闭眼，A指引B。

分析

（1）让员工通过体验体会信任与被信任的感觉。

（2）被牵引的一方应全身心信赖对方，大胆遵照对方的指引行事；而作为牵引者，应对伙伴的安全负起全部责任。另外，万一指令有错，将很难重建信任感。

三、串名字

游戏方法

小组成员围成一圈，任意提名一位员工自我介绍姓名，然后其他员工轮流介绍，但是要说："我是×××后面的×××"第三名员工说："我是×××后面的×××的后面的×××"……依次这么完成，最后介绍的一名员工要将前面所有员工的名字复述一遍。

分析

活跃气氛，打破僵局，加速员工之间的了解。

四、勇于承担责任

游戏方法

员工相隔一臂站成几排（视人数而定），主持人喊"一"时，向右转；喊"二"时，向左转；喊"三"时，向后转；喊"四"时，向前跨一步；喊"五"时，不动。

做错的人要走出队列，并站到大家面前先鞠一躬，举起右手高声说："对不起，我错了！"

做几个回合后，提问：这个游戏说明了什么问题？

分析

面对错误，没人承认自己犯了错误；少数情况是有人认为自己错了，但没有勇气承认，因为很难克服心理障碍；极少数情况下有人站出来承认自己错了。

五、责任

游戏方法

（1）每队四人，两人相向站着，另外两人相向蹲着，一个站着和一个蹲着的人是一边。

（2）站着的两个人进行猜拳，猜拳胜者则由和他一边的蹲着的人去刮另一个蹲着的人的鼻子。

（3）输方轮换位置，即站的人蹲下，蹲着的人站起来，继续开始下一局。

分析

通过该游戏，让员工明白自身责任，当别人失败的时候，有没有抱怨；两个人有没有同心协力地应对外界的压力。

2.事前充分准备

有了丰富的内容后，店长要考虑到早会所涉及的各种因素，诸如场地、器材、音乐、须配合的人员的事先沟通等，尽量准备充分，可以制作一份如表11-1所示的"早会计划书"。

表11-1　早会计划书

第一部分：早会开场（相互检查经纪人仪表；问好；唱歌；玩简短的小游戏或者采用其他有助于改善情绪的方法等）

（续表）

第二部分：认可（对新人表示欢迎；对经纪人的第一次业务方面的收获表示肯定；对团队中出现的互助行为表示肯定；对经纪人工作之外的成就，如获得毕业证或者家庭中发生的喜事给予祝贺；庆祝生日等）
第三部分：信息（最新的金融或者财政政策解读；公司的最新政策；所辖商圈内新房开盘情况；知识点考核；开单分享等）
第四部分：营销（重申社区安排的要求；聚焦房源说明以及营销方案）
第五部分：早会收尾（口号；检验经纪人对会议重要内容的记忆和理解情况）

3. 结尾精彩生动

早会的总结部分，观点应明确有力，并尽量使用通俗流畅的语言，以便能引发全体成员的共鸣，将早会气氛推向高潮。

4. 营造融洽气氛

主管每天应提前到会，问候每一位员工；主持人应根据早会内容和经纪人的反应，活跃气氛，掌控早会的节奏。

5. 提供主持机会

店长应给每一名成员提供主持早会的机会，促使每位员工都参与进来，让全体员工通过早会上的展示得到锻炼，同时增强自信心。

6.早会流程及运作要领

店长要编制规范的早会流程及运作要领，以此让员工更加熟知早会。店长要将早会时间控制在 30 分钟以内。

下面提供一份某房地产中介门店早会流程及运作要领的范本，供大家参考。

×××房地产中介门店早会流程

一、纲要

1.时间：9：00（星期一至星期五），8：50（星期六、星期天）。

2.地点：×××二期 5 栋 12 号。

3.参与人员：门店全员。

4.方式：轮流执岗。

5.目的：快乐、团结、学习、感恩。

6.每天早上第一位到店的员工首先要打开计算机，播放激昂的音乐。

二、集合整队后的具体操作

1.低声播放音乐《相亲相爱一家人》或《真心英雄》。

值班人：大家先站起来吧。立正！稍息！

2.值班人：各位，×××地产的精英们早上好！

回应：好！很好！非常好！

3.值班人：我们先跳一支舞活跃一下气氛吧！（配背景音乐：《我相信》，值班同事轮流领舞）。

4.值班人：OK！我们先不要坐下。立正，稍息！我们来宣读下《×××人的健康心态》。

值班人起头（配背景音乐：《我很好》）。

5.自我激励：全员（配背景音乐：《怒放的生命》）。

（1）我真的很不错＋鼓掌 2 次；我真的很不错，我真的、真的很不错＋鼓掌 3 次！

（2）你真的很不错＋击掌 2 次；你真的很不错，你真的、真的很不错＋击掌 3 次！

6.成员宣言：全员（配背景音乐：《相信自己》）。

值班人领宣：

我是×××地产"美"的使者，我庆幸我选对了行业！选择了这家公司！因为她给了我新的起点，给我带来了辉煌的人生。我是"整体美"的塑造者、传播者，我懂得公司的企业文化和专业知识，也学会了做人的道理。

我会用我的激情、实干、高效、宽容赢得客户的满意，成为客户真诚的朋友。每天我都充满自信、快乐，带着十分的热情投入工作，用感恩的心看待世界。面对明天，我有明确的目标：以终为始，以共同愿景为使命，帮助每一位有缘人打造和谐、温馨、健康的居家环境！我要树立主人翁意识：立足×××，志存高远，缔造辉煌！

7. 成员业务分享和非业务分享（值班人带头）。

8. 值班人：接下来我们来玩个小游戏互动一下（最后输家表演节目）。

9. 值班人：最后我宣布早会到此结束。非常感谢大家的配合与互动！接下来，我们各就各位马上行动去创造自己的幸福！

第 12 章　门店氛围管理

员工工作得开心与良好的工作氛围是分不开的，所以大方得体的仪容、整洁的店面不仅可以吸引客户驻足，也展示着员工愉悦的精神面貌。

12.1　员工仪容检查

店长应要求员工在每天上班之前，最好在镜子前仔细照一照，看看自己的形象是否"过关"。良好的个人形象不仅代表个人，还代表着整个门店。因此，员工必须做好每日形象自检工作。店长可以根据形象自检表来检查员工的形象是否符合要求。

下面，提供一份某房地产中介门店员工形象检查表的范本，供大家参考。

×××房地产中介门店员工形象检查表

序号	检查内容	达标	备注
1	头发：不留奇异发型，男性员工头发宜短，不得过长，不剃光头；女性员工长发盘起，短发必须整齐，显得大方、干练，前发不要遮眼遮脸。员工头发应时常保持干净整洁，有自然光泽，不要使用太多发胶，无汗味，无头皮屑		
2	指甲：指甲不得过长，须经常修剪，保持干净；女性员工涂的指甲油必须是透明的		
3	胡子：每天修剪，不得留胡须，保持脸部清洁		

（续表）

序号	检查内容	达标	备注
4	口腔：上班前及上班期间不能喝酒，不能有烟味、异味、口臭，不能吃有异味的食品，保持口气清新		
5	妆容：每天保持面部清洁，不得使脸部皮肤干涩或油亮。女性员工上班化淡妆、涂薄粉、描轻眉、唇浅红，不得浓妆艳抹，不宜用香味浓烈的香水和化妆品		
6	仪表：工作场所应着装干净、简洁，不得有过多修饰，工作时间佩戴公司胸针和胸牌，不得与私人饰品并列佩戴		
男员工着装			
7	春秋装制服，白色衬衫，戴领带，配深色西裤，穿正装皮鞋		
8	夏装白色衬衫，着制式领带，配深色西裤，穿正装皮鞋		
9	工装口袋里不得放过多的东西，以免鼓起，破坏整体形象		
10	保持鞋面的光亮和鞋边的干净，如有破损应及时修补，不得穿带铁掌的鞋		
女员工着装			
11	春秋装制服，白色衬衫，深色西裤，穿正装皮鞋		
12	夏装白色衬衫（短袖），深色裙装或西裤，穿正装皮鞋		
13	穿裙装须穿肉色长筒袜		
14	可佩戴精致的小饰品，如点状耳环、细项链等，不得戴过于夸张和耀眼、怪异的首饰，不得佩戴三件以上的首饰		

12.2　门店卫生检查

良好的办公卫生环境有助于舒畅员工的身心，提高工作效率，也能向到访客户充分展示门店员工良好的行为规范和精神风貌。因此，店长应在每日早晨检查门店清洁情况，若不符合要求，应督促值班人员立即重新清洁。

一般来说，店长可按表12-1所示的标准来检查门店的卫生。

表 12-1　门店卫生检查标准

检查项目	具体标准	达标	备注
店面整洁标准	1. 店面整洁、美观		
	2. 灯箱没有破损，无掉色		
	3. 店面的玻璃晶莹透亮，没有印迹、尘土		
	4. 店面门前的地砖干净，无积尘		
	5. 店面墙壁无污渍、无刻画物，若有，需及时采取相关措施清理干净		
	6. 门前自行车不可挡住店门，要摆放整齐		
	7. 店前方圆 5 米内保持清洁，根据情况随时清扫		
	8. 店前方圆 5 米内禁止吸烟、聊天		
	9. 门前空调外机铁罩上不可放置物品，保持外机清洁		
	10. 门前积雪及时清理；门前积水及时清理		
店内整洁标准	1. 店内地面保持清洁无印迹，阴雨天随时清洁，保持无水渍		
	2. 店内卫生间保持无异味、无积水、无杂物堆放		
	3. 店内墙角无蜘蛛网、无杂物堆放，内间物品摆放整齐有序		
	4. 文件柜上方无物品堆积，无杂物堆放		
	5. 店内花盆无地面印渍，无漏水		
	6. 店内桌椅摆放整齐，桌面无污渍、尘土		
	7. 接待台物品摆放整齐，个人私人物品严禁摆放其上		
	8. 店内电脑、键盘、复印机等设备保持清洁、无灰尘		
	9. 空调定期清洁，无粘贴痕迹，并保证处于良好的工作状态		
	10. 店内（包括店内套间）禁止员工吸烟		
	11. 禁止往店内带有异味的食品、物品等		
	12. 店内卫生不允许有死角，包括店内套间卫生		
	13. 背景墙保证不脱色		
	14. 非休息时间禁止吃东西、嚼口香糖等		
	15. 员工物品如衣服、帽子、鞋子等禁止摆放在客户看得见的地方		

12.3 员工有效行程检查

店长要统计员工每日有效行程数量，并在第二天早会上考核员工前一天的行程，会后将有效行程过程和结果记录在"员工工作表"中并备案。

　　店长每日都要监督检查员工有效行程完成情况及完成质量，及时跟踪回访。未完成的，店长要帮忙寻找原因。

那么，到底怎样才算是有效行程呢？如何对员工的有效行程进行考核？这就需要店长制定相应的考核标准，如经纪人每日至少完成3组有效行程，每日不少于1次带看。

下面提供一份某房地产中介门店经纪人有效行程标准的范本，供大家参考。

 范本

×××房地产中介门店经纪人有效行程标准

序号	行程项目	检查标准	具体说明	检查结果
1	有效房源录入	0.5组	录入1条有效房源算0.5组有效行程。每日录入2条和2条以上的均按1组封顶计算	
2	有效客户录入	0.5组	录入1条有效客户算0.5组有效行程。每日录入2条和2条以上的均按1组封顶计算	
3	拿钥匙	3组	收取1套房屋钥匙算1组有效行程。每月收取5套和5套以上的均按5组封顶计算	
4	斡旋	1组	成功斡旋1次算1组有效行程。每一单斡旋2次和超过2次的均按2组封顶计算	
5	收定金	2组	收取1笔定金算1组有效行程	
6	送定金	2组	送达1笔定金算1组有效行程	

（续表）

序号	行程项目	检查标准	具体说明	检查结果
7	签约	2组	签署1套买卖合同算2组有效行程	
8	带看	2组	签署1套租赁合同算2组有效行程	
9	社区推广	0.5组	完成2小时社区推广算0.5组有效行程	
10	客户跟访	1组	完成20条客户跟访算0.5组有效行程	
11	网站发帖	1组	发布20条租售帖算1组有效行程	
12	售后服务	1组	每次算1组有效行程	

第 13 章　门店 7S 管理

7S 管理方式，可保证房地产中介门店优雅的办公环境、良好的工作秩序和严明的工作纪律，同时也是提高工作效率、减少浪费和节约时间成本的基本要求。

13.1　7S 管理的含义

"7S"是在"5S"的基础上完善而来的，在"5S"的基础上加上了安全和节约。"7S"是整理（Seiri）、整顿（Seiton）、清扫（Seiso）、清洁（Seiketsu）、素养（Shitsuke）、安全（Safety）和节约（Save）这 7 个词的首字母缩写。因为这 7 个词在日语和英文中的第一个字母都是"S"，所以简称为"7S"，开展以整理、整顿、清扫、清洁、素养、安全和节约为内容的活动，称为"7S"活动。

7S 的含义，具体如图 13-1 所示。

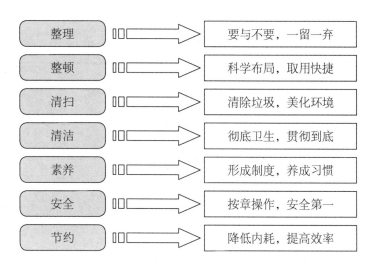

整理	➡	要与不要，一留一弃
整顿	➡	科学布局，取用快捷
清扫	➡	清除垃圾，美化环境
清洁	➡	彻底卫生，贯彻到底
素养	➡	形成制度，养成习惯
安全	➡	按章操作，安全第一
节约	➡	降低内耗，提高效率

图 13-1　7S 的含义

13.2　物料分类

房地产中介门店物料，包括房源纸、海报、公司宣传单页、小毛巾、牙膏、风油精、票据本、笔等。店长可将门店物料分为三类，具体如图 13-2 所示。

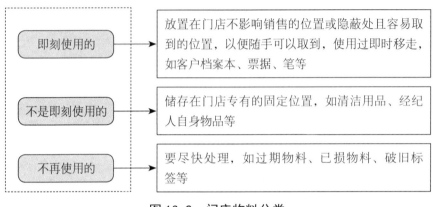

图 13-2　门店物料分类

13.3　分区摆放

店长可将门店物料按位置进行分区摆放，具体如表 13-1 所示。

表 13-1　门店物料分区摆放

序号	位置类别	具体说明
1	户外	门头喷绘、灯箱片、条幅、墙体喷绘、橱窗展示等，检查是否破损、脏污
2	店内	地板、海报、DM 宣传单等，检查是否破损、是否干净
3	展区	（1）玻璃桌或桌面整洁干净，每天保持 2 次擦洗，始终处于无灰尘状态 （2）房源本及时更新并保持整洁、平整、无污损 （3）确保地面干净、无脏物、无杂物 （4）确保垃圾桶中的垃圾不超过 3/4 （5）确保门店玻璃门窗清洁，并每周及时整理房源展示并更新，避免破损

13.4 分类整理

店长可将门店物料按照"要"与"不要"进行分类，具体如图13-3所示。

图13-3 门店物料按"要"与"不要"分类整理

下面提供一份某房地产中介门店7S检查表的范本，供大家参考。

 范本

×××房地产中介门店7S检查表

序号	检查标准	检查结果
1	是否将不要的东西（抽屉、橱柜、架子、书籍、文件、档案、图表、文具用品、墙上标语、海报、看板）丢弃，私有品是否被整齐地放置于一处	
2	地面、桌子是否显得零乱	
3	垃圾桶是否装得太满超过3/4，下班时是否将垃圾清理干净	
4	桌面、电脑设备、空调是否沾上污渍及灰尘	
5	桌子、文件架摆放是否整齐	
6	下班时是否将桌面整理得清洁整齐	
7	有无归档分类，实施定位化（颜色、标记）摆放	
8	需要的文件、资料是否容易取出，归位文件柜是否明确管理责任者	
9	办公场地墙角是否有蜘蛛网	
10	公告栏是否有过期的公告物品	
11	饮水机是否干净	
12	管路配线是否杂乱，电话线、电源线是否固定得当	
13	报架上的报纸是否整齐排放	
14	是否遵照规定着装：男女着纯白衬衣无花纹、图案；系蓝色为主的深色领带；不着牛仔裤、短裤及非职业装；佩戴工号牌、微笑牌；女士裤装长度不得短于七分裤；不准穿拖鞋进入门店	
15	下班后，是否关好设备电源，做到人离电关	
16	是否有枯死或干黄的植物，花盆内是否无槟榔渣、无烟蒂	
17	是否有人员动向并在"登记栏"做好完整外出记录	
18	是否将茶杯、私人用品及衣物等摆放在固定位置	

第四部分

交易业务管理

第14章　房源的寻找与发布

　　房源是房地产中介门店经营业务中不可或缺的一部分，只有有了房源，才有和客户谈判的资本，才能获得客户的信任，尽快地促进交易的成交。

14.1　开发房源的方法

　　一般来说，开发房源的方法主要有表 14-1 所示的几种。

表 14-1　开发房源的方法

序号	方法	具体说明
1	门店驻守	一般情况下，店里面会留两个人值班，就是坐等客户上门。有的客户是来找房子的，有的客户是上门登记房源的
2	社区摆盘	可在小区门口或者人流量集中的地方摆上人字板，上面写有门店挑选出的优质房源，会有客户主动上前咨询，也会有来报房子的
3	扫网	借助"房客多"类的软件来采集在 58 同城、赶集网、搜房网等网站上发布的房源
4	洗业主名单	按照门店内收集到的小区业主名单打电话询问。洗名单是一项必须做的工作，只要掌握了一些电话技巧，电话找房源是相当有用的
5	客户介绍	逢年过节问候一下老客户，说不定他们就能为你介绍新客户，长期坚持维护起来的客户能带来不少的益处
6	人际关系开发	主动向亲朋好友传达一些关于本人及公司的信息，建立自己的专业形象。例如，在微信上建立自己的个人店铺，不时更新店铺信息并将其分享到朋友圈
7	广告开发	每天关注各种报纸、网络媒体中出现的本商圈房源信息，并与客户进行沟通

14.2　说服业主签独家代理

很多业主都拒绝签署"独家委托"，原因可能是不太了解其中的道理或认为这样做会降低售出房屋的概率。

1. 签订"独家委托"对公司及员工的好处

签独家委托在一定程度上可以稳住业主，还能防止业主反价，对业主有一定的约束力。

（1）愿意签独家委托是业主对公司有信心的表现，说明业主认同本公司员工能力和专业水平。如果能多让业主签"独家委托"，公司的盘源实力便会更强。

（2）此消彼长的情况自然会导致同行盘源缺乏，本门店的成盘机会便会增加，业绩自然会得到提升。

2. 让业主理解独家委托代理的好处

房地产经纪人要向业主说明独家委托给本公司的好处，例如以下几点。

（1）本公司拥有庞大的分行网络，独家代理的楼盘会挂贴在店铺橱窗，所有分店都会协助业主做推广。

（2）公司会免费为业主在媒体上刊登广告，同时通过媒体展示公司实力。

（3）如业主放盘的单位是空房，公司会为其办楼盘推广日（开放日）进行推广，动用片区各分店各同事力量做宣传。

（4）在正常情况下，独家委托盘相比其他楼盘更容易被售/租出。

（5）售价往往比较理想，因为同行没有这个楼盘，不能压低此盘的售价，所以可以为业主以理想的价格售出此楼盘。

（6）放盘单位经本公司成功售出后，公司不会因为付出较多宣传广告费而要求业主多给佣金。

（7）签独家的盘源，公司会有专人跟进，这样业主就不会被无穷无尽的电话所骚扰，不会总是接到谈价的电话。签订独家后，公司都会主推此套房源，在最短时间内帮业主以合适的价格售出。

14.3　说服业主留下钥匙

个别业主在放盘的同时会主动留下钥匙，但并不是每个业主都放心留钥匙在房地产中介门店的。所以如果放盘单位是空房，经纪人应尽量要求业主留钥匙给本公司，方便带客看房。如果业主拒绝，经纪人可以这样向业主解释：

（1）通常有钥匙的楼盘会较快售／租出，因为看房方便；

（2）如果业主不是住在附近，则较难安排预约看房，从而白白失去很多售／租出的机会。

　　此外，当经纪人取得业主钥匙后，应提醒业主避免留太多钥匙在同行门店，如果其他公司要借钥匙，可以经我们公司安排。

14.4　应对同行借钥匙

如果同行来公司借钥匙，不管借还是不借，经纪人都要以良好的态度予以对待，并且与业主核实。

对同行借钥匙的处理方法一般有两种，具体如表 14-2 所示。

表 14-2　对同行借钥匙的处理方法

处理方法	要求	具体操作要领
不借	不借的话，一定要有一个好的理由来回绝，如钥匙被其他同事拿去看房了，或经理不在钥匙不能私自外借，或管理钥匙的人不在等，并致以歉意	可以把同行请到店里，像对待客户一样，给他倒水，然后打电话给业主，问业主是不是有别的房地产公司人员过来借钥匙，待其确认后再根据实际情况回绝该同行
借	若借的话，一定要查看借钥匙人的名片、身份证等证件，核实对方身份，看房时一定要有两人以上陪同，保管好业主家的物品，关好水电和门窗	可以让暂时没事做的同事帮忙，陪对方去开门，但钥匙不能交到对方手中，以避免对方私自配钥匙

14.5　房源发布

对于房地产中介门店和经纪人来说，找到了房源只是一个开始，必须把找到的房源发布出去，才能让有需求的客户知晓。

1. 房源发布的要求

经纪人在网站放盘时没办法直接了解客户的需求，但是可以通过总结客户买房租房时的一些心理特点，进而投其所好地吸引客户。

例如，最近因为市场比较萧条，投资者虽然按兵不动，但他们却一直在关注楼市。经纪人可以抓住其这一心理特点，在推荐盘源时尽量突出经济、实惠、升值空间大的特点，再加上一些详细的盘源介绍、信息和图片，这样便容易吸引客户的眼球。

一般来说，在网站上发布房源，应遵循图14-1所示的要求。

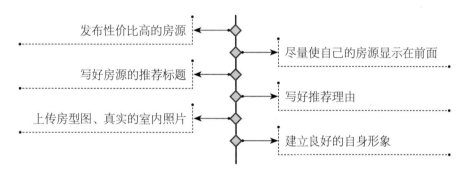

图 14-1 发布房源的要求

（1）发布性价比高的房源

所谓性价比高的房源就是人们日常所说的"物美价廉"的房源，即地段、房型、朝向、小区环境好，价格适中、便宜或是比较合理的房源。性价比越高的房源，其网页点击率就越高，卖出的概率也就越大。所以在发布房源的时候其性价比越高，对客户的吸引力就越强。

（2）尽量使自己的房源显示在前面

发布优质的房源，充分合理地利用推荐次数和刷新次数，使自己的房源能排在同类型会员发布房源的前边。

经纪人每天上班一打开电脑，就要尽量上传近几天的新盘，多多益善。这样，不管网页怎么刷新，客户都能在第一页看到你推荐的盘源。

（3）写好房源的推荐标题

因为标题是直接显示在房源显示列表里的，所以吸引人的推荐标题往往是提高房源点击率的关键。一个好的标题要突出房子的主要特点，从而吸引客户，增加点击量、来电量及来访量。完整的房源标题应包括所处商圈、楼盘名称、户型、卖点（信息点）。

经纪人应全面深入了解每套房子，挖掘出每套房子的特别之处。每套房子都有其不可替代的优点，在标题里强调这些优点，才能吸引客户。下面介绍几种推荐标题的写法，如表14-3所示。

表14-3　推荐标题的写法

写法	要求	举例说明
煽情写法	针对不同客户的特点及其心理，快速吸引客户	·有故事的房子，花心思的家 ·享受，不要忍受 ·值得托付一生的家园 ·遇见好房一生吼，该出手时就出手 ·此房只应天上有，人间难得几回寻 ·好房要淘，好房难得，进来看看，100% 真实，5 星经纪人为您服务
针对特点来写	要把房子最大的特点形象化地表达出来，越通俗易懂越好	·房子大可以写：你可以在房间里荡秋千 ·楼下有商场可以写：你可以穿着睡衣逛商场 ·景观房可以写：这个景色就值 300 万——该房仅要您 280 万；让您拥有不想离开家的景观 ·房型好可以写：你会觉得买到了三居的房子——得房率超高；亲友会羡慕你住在宫殿中——挑高 6 米的大厅 ·价格低可以写：做了这么多年房产，这样的房子第一次有这样的价格；接盘时我都想买下的房子 ·装修好可以写：千万不要以为照片是假的——装修超豪华；看了房子，我也想有个家——装修温馨
针对市场来写	要根据当时的市场行情来写	·×××年在观望，×××年在观望，×××年还要再观望么？机会只有一次 ·观望一次涨一次，朋友，是不是还要重复昨天的故事 ·观望的朋友，点进来看看，房东急售，低于市价 1 000 元 / 平方米 ·观望者绕行，只欢迎有眼光的投资客，附政府规划

（4）写好推荐理由

如果只是标题吸引人，其推荐理由写得不好，也是很难吸引客户的。写推荐理由可以从

表 14-4 所示的几个方面着手。

表 14-4　写推荐理由的着手点

着手点	举例说明
可以从该房源所属小区的风格、物业、档次、人文、小区内部配套等方面作概括性介绍	·西班牙风格 ·国际化社区 ·怀旧情结 ·恒温游泳池
可以从该房源所属小区的周边配套、交通状况作介绍	·地铁一号线 ××× 路站 ·步行到沃尔玛 5 分钟 ·轻松上 ××× 路外国语小学
可以从该房源的面积、房型、单价、总价、景观、装修、配置等作特色描述	·该小区稀有房型 ·超低单价 ·可以观黄浦江外滩全景 ·日式现代装修 ·实木地板、红木家具
可以从该房源的房东出售心态作特色描述	·做生意急需资金周转 ·出国前贱卖 ·买了别墅等着卖房付首付 ·因工作调动按成本价变卖
可以对购买该房源应交纳的税费作详细描述，凸显你的专业性	·契税：总房价 ×1.5% = 20 000 元 ·权证：5 元一本 ·税费共计：39 987 元 ·首付款：总房价 ×30% = 500 000 元 ·买房应准备资金：税费 + 首付款 = 539 987 元
配上该房源的室内照片、房型图、小区照片会更佳	房源照片主要拍摄客厅、主卧、主卫、厨房，也可拍摄一些有特色的图片，如花园、露台、复式挑空、个性书房等
外加有吸引力的自我推荐	可从毕业学校、从业资历、服务的客户、主营楼盘等方面进行描述

（5）上传房型图、真实的室内照片

客户上网找房子或是发布房源信息，注重的就是网络的高效性，足不出户又能"房比三家"，这也正是网上店铺的魅力所在。上传相关的实景照片不仅能让客户对该房源有更直观的了解，而且也能体现你的专业素养和对待客户的诚意。

（6）建立良好的自身形象

一张面带笑容、身着正装、画面清晰的个人照片不仅是专业素养的体现，而且能拉近你与客户的距离，便于接触到更多的客户。

2. 注意网上发布房源的基本规则

经纪人要注意网上发布房源的一些基本规则，如某网站的规则如下所示。

（1）标题、描述中有无关的内容显示（如广告、招聘信息等）的，将会被删除下线。

（2）标题、描述等内容中有电话号码的，电话信息将会被删除。

（3）图片中有水印、盖章等任何侵犯他人版权或含有广告信息的图片，图片将会被删除。

（4）被用户多次举报并核实的，将会被删除下线。

（5）内容中有对多套房源进行描述的，将会被删除下线。

（6）冒用他人电话并核实的，房源删除下线，账户将会被冻结。

（7）同一用户发布多套相同房源的，将会保留一套，其他会被删除下线。

（8）标题、描述等内容中填写特殊符号（如"★""☆""═"等）的，特殊字符将会被删除。

（9）发布其他城市房源的，将会被删除下线。

第 15 章　房源推广

门店在获取了一定的房源之后，要对房源进行一定的推广，这样才会有更多的客户知道你的房源，有合适的房源，客户才会主动联系你，你也才会有成交的机会。

15.1　传统推广

传统的推广方式主要有图 15-1 所示的三种。

图 15-1　传统推广方式

1. 派发宣传单页

在一些公交站牌或其他人多的地方派发房源宣传单页，上面印上房源信息、个人联系方式，有需求的客户会主动联系你。

2. 门店推广

做房地产中介的，门店推广不失为一种好的推广方式。每天都会有客户在门店前面驻足，经纪人可以热情地打招呼，了解他们的需求，向他们推荐相应的房源。

3. 老客户传播

老客户是一个很好的传播者，利用他们的口碑来宣传房源更能让人信服，更能吸引更多的客户。这就需要经纪人与客户处理好关系，定时地与客户沟通及联络感情，与客户做朋友；

也可以向他们推荐优质的房源，让他们把这些房源介绍给周围的朋友，这种传播的影响力是很大的。

15.2　网络推广

随着互联网的逐步普及，越来越多的消费者愿意通过互联网来查询和了解房源。经纪人利用互联网促进房屋买卖，进行网络推广已逐渐成为一种趋势和重要的客户开发渠道，利用网络平台来促进房屋销售已经成为经纪人的一种新营销手段。

一般来说，网络推广有图 15-2 所示的几种渠道。

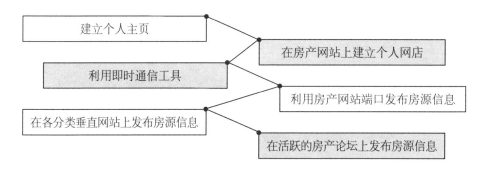

图 15-2　网络推广的渠道

1. 建立个人主页

有条件的经纪人可以自己建立一个个人网站，或者将本市房地产网上的个人子域名网络站点当作自己的网络阵地，发布自己的各种信息。

2. 在房产网站上建立个人网店

有些房地产网提供免费让经纪人建立个人网店的服务，经纪人可以搜索相关房产网站并建立自己的网店。

3. 利用即时通信工具

经纪人可以利用微信、QQ 等在线即时通信工具与同行及客户建立联系、展开交流，还可以通过微信公众平台、朋友圈等途径给新老客户持续发送房源和促销信息。

4. 利用房产网站端口发布房源信息

一般来说，本市房地产网的房源发布端口都会提供给经纪人免费发布房源；还可以在 58 同城、吉屋网等网站上发布房源。

图 15-3 所示的是经纪人在 58 同城上发布的房源信息截图。

图 15-3　房源信息发布截图

5. 在各分类垂直网站上发布房源信息

经纪人可以在赶集网、口碑网、各地房源搜索网站等网站上发布必要的信息。

6. 在活跃的房产论坛上发布房源信息

例如，在房天下论坛、安居客论坛或者地方性门户论坛发布房源信息。只要发布房源的信息足够多，发布的频率足够快，就可以吸引更多的潜在客户的关注，提升成交量。

图 15-4 所示的是深圳房地产信息网论坛上发布的房源信息截图。

	标题	版块
	房网海外	
	房屋租售	
	装修论坛	麒麟实验学位房，86平三房，满五年，税费少，学位未用 [逆序]	房屋出售
	初到深圳	南山大学城旁，地铁口物业，一手现房 [逆序]	房屋出售
	兴趣圈	【中介】前海自贸区地铁9号线荔林站心语雅园二房红本无税 [逆序]	房屋出售
	家常话	【中介】前海自贸区地铁一号线大新站绿海名都四房红本无税 [逆序]	房屋出售
	美 食	【中介】大南山脚下华联城市山林二期五房顶楼复式送私家花园 [逆序]	房屋出售
	香 港	龙华红山片区，金茂府，10万左右单价．挞定出来小户型，2套125平户型，4套155平户型，带豪华 [逆序]	房屋出售
	时 尚	【金地峰境瑞府】建面约93-115-136㎡低密阔景雅宅开始线上预约光明中心 公园学府	房屋出售
	婚 嫁		
	母婴生活		

图 15-4　在论坛发布房源信息截图

15.3　博客推广

现在很多门户和房地产行业网站都有博客功能，经纪人可以免费建立起一个个人博客，作为自己发布信息和展示形象的窗口。

1. 博客推广的步骤

（1）选择房产门户和本地网站

建立个人博客最好是选择房产门户和本地网站，以更好地发挥博客的作用和影响力。

（2）上传内容

在正式推出博客之前，一定要发布大量的房源，最好有房源实拍图片，这样更吸引人。房源的介绍要详细，不能仅说明几室几厅、面积为多少平方米。不要简单地抄袭网上现有的信息，最好是用一个经纪人的专业眼光对其进行分析。

2. 扩大博客影响力

博客和网页建好了，接下来就要学会扩大自己的影响力了，具体方法如图 15-5 所示。

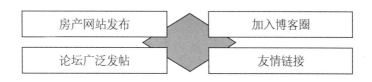

图 15-5　扩大博客影响力的方法

（1）房产网站发布

在各网站上广泛发布房源信息，要挑令客户感兴趣的房源，同时留下自己的博客网址。经纪人在发布信息时，一定要掌握正确的方法。

例如，搜房帮需要逐条更新，同时发布日期也会更新，所以更新的时候要挑出重点推荐的房源进行更新。

（2）论坛广泛发帖

门户网站、垂直网站、专业网站上有大量的论坛。经纪人可以发布一些有趣实用的内容，以此宣传自己的博客或主页。

很多论坛都有一个签名板块，经纪人可以在签名中介绍自己的从业生涯、优势、联系方式和博客网址，签名需简短而有吸引力。

（3）加入博客圈

很多门户网站或者房地产专业网站的用户都有自己的圈子，经纪人加入这些大家庭，可以迅速提高知名度，具体可以加入这些网站用户的 QQ 群、微信群，积极聊天，充分展示自己，让更多的人来到自己的空间或者博客。例如，在群里发一个比较抢眼的题目，给出链接地址，引导人们到你的博客去看看。

（4）友情链接

与一些有影响力的博客或者网站做友情链接，或者经常在一些有影响力的博客上留言，然后附上自己的博客地址和简介。

15.4　微博推广

微博推广以微博作为推广平台，每一个听众（粉丝）都是潜在营销对象，房地产中介门店或经纪人通过更新自己的微博向网友传播企业信息、产品信息，树立良好的企业形象和产品形象。每天更新内容时可以和大家交流互动，或者发布大家感兴趣的话题，以此来达到推广的目的。

1. 微博上发布什么

对那些想真正提供优质服务的房地产中介门店或经纪人来说，把业务搬上微博，通过微博直接展示客户的评论，更容易形成良好的口碑，建立自己社会化的服务品牌，并以此把自己和那些不良中介区别开来，形成自己的核心竞争力。因为敢于把自己的信息放进微博说明这个门店有实力、有底气，这样更能获得客户们的信赖。那么，在微博上可以做什么呢？

（1）发布供需双方的信息

经纪人可在微博上发布相关的房源信息，例如面积、楼层、价格等。图 15-6 所示的是某房地产机构经纪人在个人微博上发布的信息。

图 15-6　微博发布房源信息截图

（2）微博中介联盟

出于资源共享、客户共享等原因，线下的中介常常结成中介联盟，在微博上，中介依然可以形成中介联盟，利用微博实时、传递信息速度快、互动性强等特点，使联盟共享更有效率。

（3）咨询与问答

经纪人可通过微博解答客户问题，寻找商机，具体可通过私信，也可通过建立微群，还可通过微博公告，提示客户可通过 @ 自己，提出问题，以便自己进行实时解答。

例如，在腾讯微博 @ 房客多："请问房客多的房源分享到微博是什么意思？分享微博的意义是什么？@房客多"那么小多立刻就会收到信息，马上进行回复！

（4）适当发布知识性内容

很多客户在寻找中介之前都毫无头绪，经纪人可以通过微博，适当发布一些常识，例如二手房交易流程、二手房贷款注意事项、如何不上黑中介的当等。

2. 微博推广注意事项

房地产中介门店或经纪人进行微博推广时，要注意以下几个问题。

（1）不要一上来就搞信息轰炸，这会使人反感，要根据粉丝的数量，逐步增加信息的发布量，并且要对每日发布的信息总量进行动态控制。

（2）要了解微博营销是一个缓慢的过程，不能急功近利，可以先把微博当成一个发布窗口、一个可以主动挖掘新客户的地方，前期以沟通为主、业务为辅，不要急于和每个人刚结识就谈业务，只要是同城的，先认识一下就好，给对方留个印象即可，有需求时，客户会主动上门。

（3）切忌乱发广告，微博营销的核心在于先交朋友，后发展业务，最终通过口碑来获得客户的真正认同。刚与他人结识就频繁发广告，必然会引起多数人反感，得不偿失。

（4）一定要避免陷入微博营销误区，只有准确地认识微博活动营销这一新兴网络营销模式，有目的、有针对性、有规划地将企业和产品信息传递给消费者，让企业拥有真实庞大的忠诚粉丝团，才能真正将营销活动的利益落到实处，从而更好地利用微博活动营销的优势为企业的发展推波助澜。

15.5 微信公众号推广

在当下这个微信已普及的移动互联网时代，房地产中介门店利用微信公众平台做好微信营销推广，是拓宽业务渠道、增加成交额的主要方式之一。

1. 注册微信公众号

门店如果没有微信公众号，就要申请注册一个微信公众号。微信公众号的注册流程如下。

（1）在百度搜索"微信公众平台"，进入微信公众平台官网的登录页面，点击页面右上角的"立即注册"。

（2）填写邮箱、密码等基本信息，点击"注册"。

（3）登录你注册的邮箱，打开微信团队给你发的新邮件，按提示点击激活账号的链接。

（4）选择账号的类型，房地产中介门店可以选择"服务号"，主体类型为"企业"。

（5）主体信息登记：企业名称、营业执照注册号、主体验证方式（自动对公打款验证、人工验证）、对公账号信息；运营者信息（姓名、身份证号、手机号）。信息填写完毕后点击"继续"。

（6）完善公众号信息：账号名称、功能介绍、运营地区选择。

（7）登录注册的账号，进行对公账号打款验证，验证通过后，公众平台账号审核通过即可使用。

房地产中介注册微信公众账号时应该选择哪个类型

不少房地产中介用户在注册微信公众账号的过程中会遇到这样的问题：应该选择哪种类型的账号？服务号？订阅号？企业号？现在来看看这三类账号的区别。

1. 侧重点不一样

（1）服务号侧重于对用户进行服务。

（2）订阅号侧重于信息传播。

（3）企业号侧重于生产运营管理。

2. 适用范围不一样

（1）服务号主要适用于媒体、企业、政府或其他有需求的组织。

（2）订阅号主要适用于个人、媒体、企业、政府或其他有需求的组织。

（3）企业号主要适用于企业、政府、事业单位或其他有需求的组织。

3. 服务号、订阅号、企业号的主要区别

（1）给客户推送信息数量：服务号每月4条；订阅号每天1条；企业号每分钟200条。

（2）消息显示位置：服务号和企业号直接显示在微信聊天列表中；订阅号在微信对话列表"订阅号"文件夹中。

（3）用户关注：服务号和订阅号可以被任何微信用户扫码关注或者添加；企业号只可以被通讯录中的人关注。

（4）设置自定义菜单：订阅号通过微信认证之后可以添加自定义菜单；服务号和企业号无须认证就可以添加自定义菜单功能。

（5）微信支付：订阅号无微信支付功能；服务号和企业号通过认证之后支持微信支付功能。

经过以上的对比我们就会发现，其实针对房地产中介门店的服务性质和需求来讲，服务号是其首要选择的账号类型。

2. 微信公众号的推广方式

想要让微信用户看到你的公众号，就要对微信号进行推广，可以通过电脑端线上推广，然而目前更多的是通过线下推广。

3. 微信公众号的推广技巧

现在各行各业都做起了微信营销，房地产中介也不例外。对于房地产中介门店来说，可参考图 15-7 所示的技巧来做好微信营销。

| 建立微网站，全面展示门店信息 |
| 实时互动，及时沟通 |
| 以内容为王，增加曝光量 |
| 真实展示房源信息，使之成为客户消费参考 |
| 进行数据分析，划分客户 |
| 进行客户管理，实时互动 |

图 15-7　微信营销的技巧

（1）手机建立微网站，全面展示门店信息

房地产中介门店将自己提供的服务信息分享到微信上，并在其微网站上自主发布房型报价、促销活动、最新动态等绝大部分涵盖客户需求的信息，如图 15-8 所示。

图 15-8　微网站截图

（2）实时互动，及时沟通

在微信上与粉丝直接互动交流，第一时间对客户的提问直接做出回应，实现与客户、潜在客户的及时沟通，从而获取用户的预约订单，并进行数据挖掘和分析。

（3）以内容为王，增加曝光量

门店可经常提供行业最新新闻和店内最新动态，如企业新闻、优惠促销、店内最新动态、房产知识、房价政策、天气情况等内容，如图 15-9 所示。

六·一特辑｜Q房网·北京优质楼盘推荐！给孩子选个温馨的家！

Q房网北京　5月29日

点击+关注 给你心动的感觉

六·一特辑

"孩子们也是热爱生活的，

这就是他们最初的爱。"

——泰戈尔

每一个小孩都是可爱的天使

小脑袋里装着千奇百怪的想法

或许TA们也有着自己的梦想

想要拥有一个属于自己的城堡

图 15-9　微信推送内容截图

（4）真实展示房源信息，使之成为客户消费参考

除了在微信上经常发布更新房源资讯展现给广大客户外，门店应经常在微信上发布最新的房源信息（如图 15-10 所示），给用户展示最真实的信息，无形中提升企业形象，提升潜在客户的信任度，刺激其消费。

万通天竺新新家园 4室2...
4室2厅/380㎡/南北/顺义 天竺
2050万 53947元/㎡

万科天竺悦城 我不是在...
3室1厅/122.58㎡/南北/顺义 天竺
700万 57106元/㎡

丽喜南苑 电梯入户，新...
4室2厅/157.31㎡/南北/顺义 后沙...
满五唯一
529万 33628元/㎡

澳景园 诚意出售，大独...
5室4厅/484.71㎡/南北/顺义 中央...
随时看房
2350万 48483元/㎡

图 15-10　房源信息截图

（5）进行数据分析，划分客户

门店为提交预约的客户建立客户档案，对客户档案进行管理，与客户实时互动，并可对客户进行精细划分，还可以导出 Excel 表格，方便门店进行二次加工和信息处理。

（6）进行客户管理，实时互动

门店不仅可以在官方微信后台看到营销分析、粉丝分析、页面分析等数据，还可以对报价推广效果、企业新闻、预约服务等业务指标进行监控管理，为阶段性的网络推广决策提供有力支持。

15.6 微信朋友圈推广

由于我们的朋友圈里多是自己的亲人或朋友，因此房地产经纪人适合在朋友圈分享一些有价值的知识，而不是单纯发广告，另外要尽量多加客户的微信。经纪人可以将好的房源信息快速分享到朋友圈中，并且该信息支持以网页链接方式打开，如图 15-11 所示。

1. 微信朋友圈推广攻略

（1）定期分享房源到朋友圈

一般情况下定期发布 3 ~ 5 个不同类型的房源，尤其是挑选一些有特色、有话题的房源，例如名人曾经居住的房源、最近大幅涨价或者降价的房源、最近卖出的房源等。不同类型、不同位置、不同价格的房源可以大大扩充你的潜在客户群。如果你的朋友分享你发布的房源，朋友的朋友就有可能和你联络。

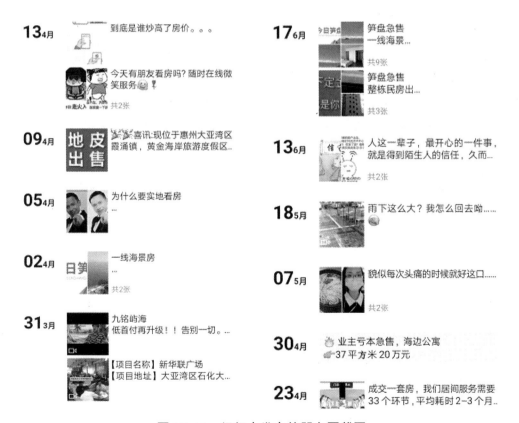

图 15-11 经纪人发布的朋友圈截图

（2）定期分享房源到相关微信群

很多客户都会有很长的观望期或者考虑期，经纪人在这段时间及时跟进是非常重要的，否则客户极有可能在决定购房时把你忘了，或者一直产生不了购房的意愿。一个行之有效的方法就是为潜在客户建立一个或者几个群，定期在这些群里发布一些新房源，这样就可以不断地给潜在客户加深印象，客户想买房的时候也会第一时间想到你。另外，多加入一些相关的群，例如讨论本地投资的群，看到相关的讨论，就发布一些相关的房源。

（3）分享房源给特定客户

经纪人要养成对购买意向很强的客户定期跟进的习惯，记住每位客户的喜好，每周找几套客户喜欢的房源通过微信发给客户，这样既不会打搅客户，又会让客户感受到你的用心，这个习惯会大大提高你的成交率。

2.朋友圈推广中的注意事项

（1）分组发布。发给谁看比发给多少人看更有意义；也没必要将房源信息一条又一条地推到亲戚、朋友的朋友圈中，这样做对你来说也没有太大意义。

（2）没有必要天天在朋友圈打广告，频繁刷屏只会让人生厌。

（3）多发能够帮助到"粉丝"的东西，分享买房子要注意的事项、禁忌等。

例如，可以根据看房经验写一小段"看房时如何检验房子有无漏水现象"。

（4）发布一些轻松的话题。不要让大家觉得你每天都在卖东西，有空时可以聊聊家常，多经营彼此之间的感情。

例如，发一张带看时拍的照片，照片上是你和客户分享一块美味的巧克力，家人看到你工作时的状态会更放心，客户看了也不会反感。

（5）尽可能用最平实的语言来发布信息，不要过于专业，要让普通客户也能看得懂。

15.7　微信小程序推广

小程序是一种不需要下载安装即可使用的应用，它使用户通过扫一扫或者搜一下即可打开应用，也体现了"用完即走"的理念，用户不用担心自己安装了太多的应用。

1.线上推广

小程序线上推广方式有如下几种。

（1）小程序＋公众号

不管是关联小程序，还是在自定义菜单里设置链接，或是在文章中插入小程序，新关注公众号粉丝都能通过直接点击进入你的小程序，成为小程序粉丝。

（2）朋友圈二维码推广

用户可以通过二维码重复访问小程序，也就是说二维码是小程序的重要访问入口。基于此，房地产中介在实际运营小程序的过程中应该强化二维码的作用，将你的小程序分享到朋友圈里，只要你的小程序足够优质，吸引到的就都是精准用户。

（3）微信搜一搜

在"发现"页进入小程序或者通过搜索找到小程序，搜一搜有强大的算法支撑小程序搜索，它的优化将会吸引更多的微信用户使用，用户越容易触达就越容易获得流量，这也是微信会为小程序在首页设置下拉页面的原因。

（4）好友群＋社群引流

这是指通过社群做裂变，不只是微信社群，QQ 群也可以。作为房地产经纪人，手里肯定少不了与房产买卖有关的微信群（客户群、购房群、置业交流群等），那么房产经纪人就可以将房产小程序一键分享到微信群，引导大家关注小程序，让更多的购房者了解并使用你的小程序，以后只要有新房源上线发布你就可以通过小程序转发来直达目标购房群体了，这样从推介房源、引导关注到实现转化就变得简单多了。如果能够引导他们把你的房产小程序添加到"我的小程序"就再好不过了。

2. 线下推广

小程序线下推广方式有以下几种。

（1）门店扫码

房地产中介门店可以在店铺显眼位置贴上小程序二维码，或者制作你自己的海报易拉宝，客户可以扫码找房卖房或者委托管理等。

（2）名片扫码

房产经纪人可以把小程序码直接印到个人名片上，在附近的学校、商圈、重要路口等地派发传单或名片。客户在拿到名片后可以直接扫码进入小程序，让用户产生使用该小程序的习惯。

（3）线下活动推广

结合房产的特性推出活动，吸引用户的关注。例如，通过在赠品上印刷品牌信息和小程序二维码，也可以策划单独的线下活动进行推广，进而引导用户扫码。

15.8　抖音推广

抖音上的内容呈现方式很多和小品、相声、脱口秀、吐槽大会、笑话大全等是一样的，可以说它是在当下流行趋势和年轻人的精神需求下应运而生的一款产品。

抖音凭借其强大的引流能力已吸引了超过15万的企业在抖音开设了蓝V账号。一些知名房地产企业如碧桂园、万科、融创、龙湖、保利、泰禾等纷纷瞄准了企业蓝V首波红利，试水运营抖音企业号，以期利用优质内容进行粉丝转化，沉淀私域流量，开辟品牌专属营销阵地。

1. 抖音推广的策略

近年来短视频兴起，众多品牌跃跃欲试地想借力短视频红利实现更广泛的品牌曝光，并促进销售额的增长。房地产中介门店也可以利用抖音来做推广，其策略如图15-12所示。

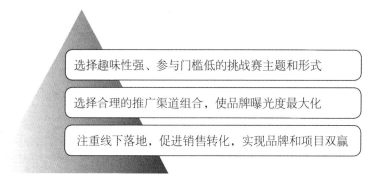

图 15-12　抖音推广的策略

（1）选择趣味性强、参与门槛低的挑战赛主题和形式

门店在确定新媒体平台的传播主题时，应充分考虑平台特性，因此在抖音等短视频平台上，需"因地制宜"地构思趣味性强、直白易懂的活动主题。同时，应为用户设计操作起来简易、趣味性强的参与形式。采用"微笑"这种门槛低、人人可参与的形式可以使活动的参与人群和传播面更广泛。

（2）选择合理的推广渠道组合，使品牌曝光度最大化

选择覆盖目标消费群体的抖音达人，并合理组合不同定位的达人，可有效提升品牌曝光度，并利用达人的粉丝号召力，提升活动热度；对不同定位的达人需量身定制不同传播主题，创作趣味性、互动性强的视频，软性露出品牌信息。另外，活动期间持续投放站内广告有助

于大幅扩大挑战赛覆盖面。

（3）注重线下落地，促进销售转化，实现品牌和项目双赢

发动客服、销售、安保团队拍摄挑战赛视频，炒热现场氛围，促进销售转化；线下活动规则设置与挑战赛相结合，用精美礼品增强客户参与的积极性，并为促成交易提供良好契机；拍摄买房视频并将其上传至挑战赛页面，利用挑战赛流量为项目提升曝光度，趣味化输出优惠政策，形成从线上到线下的传播闭环，以提升销售业绩。

2.抖音直播推广中的要素

房地产中介门店利用抖音直播做推广的三要素如图15-13所示。

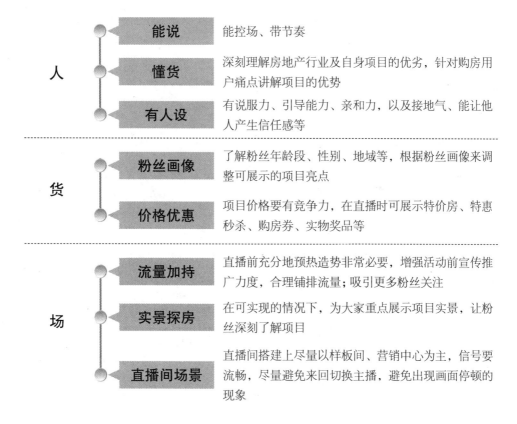

图 15-13 抖音直播推广的三要素

第 16 章　客户接待

客户接待是开发客户最基本的途径之一。接待做得好并且带看衔接紧密就可以直接促成签单，但是很多经纪人却忽略了客户接待的重要性，白白错失成单机会。因此，房地产经纪人应掌握必要的客户接待技巧。

16.1　电话接待

有很多客户会先通过电话咨询房地产中介门店相关事宜后，再决定是否到店。因此，对于客户的电话，经纪人应及时接听，做好接待。

1. 接听电话的要领

接电话是一门艺术，经纪人只有掌握一定的要领，才能做到有条不紊、忙而不乱。接听电话的要领如表 16-1 所示。

表 16-1　接听电话的要领

类别	具体说明
接电话要及时	如果电话响许久才有人漫不经心地拿起电话，会让客户认为公司办事效率太差。一定要在电话铃响三声之内接听电话
明确说出公司名称	接听电话时必须说："您好，××公司，请问有什么可以帮您？"如果只是不礼貌地说一声："喂？"客户很有可能会重新考虑是否要继续咨询，因为他会觉得你根本就不专业
了解所有二手房的基本信息	在接电话前，必须把二手房的信息（楼层、朝向、面积、入住时间等）记清楚，以便回答客户的提问
及时向资深同事或了解该业务的同事求助	如果你刚入行，对有些情况不了解，必要时可向资深同事或了解该业务的同事求助。但不能让客户等着，可以用闲聊的方式稳住客户，然后用手势告诉同事你需要帮忙

（续表）

类别	具体说明
先了解需求再进行推荐	有的客户没有在电话中指定物业，这并不是说他没有中意的物业，而是在考查你的推荐能力。这种情况下，你绝对不可以不经思考便胡乱推荐，必须先询问其要求，然后根据其要求进行推荐
防止同行假装买家探听状况	同行假装买家探听信息的状况早已屡见不鲜，记住一个原则：同行想探求的信息也就是你想探求的信息。如果在电话中遇到同行，则须灵活应变
尽可能熟记客户的声音	用心记住客户的声音，下次来电时直接道出对方姓名，客户会认为你对他非常关心，从而乐意向你咨询
重要电话必须事先演练	如果是重要电话，先进行演练是非常必要的，可以请同事模仿客户提出问题由你来解答，以减轻心里的紧张感
把握重点，以免通话时间太长	接电话要把握核心、切中要害，以节约双方的时间。但有些时候为了拉近距离，可以适当闲聊，但要注意尺度，更不可以舍本逐末
引导客户前来面谈	即将结束通话时，记得约请客户前来面谈。约请客户时，要清楚地告知客户会面的详细地址，最好能说出具体的交通路线，并且告诉他你将专程等候
及时填写"来电登记表"	挂断电话后，应及时填写"来电登记表"，记录该客户的信息，为销售分析及日后的客户追踪做好准备，并对重点问题进行妥善处理或上报

2.接听电话的主题

接听咨询电话时，首先需要明确客户所关注的焦点是什么，并针对这些焦点做好相应准备，从而让自己在面对客户的电话咨询时胸有成竹。通常情况下，客户在电话里会主要咨询地段、户型、价格及付款方式、相关政策。

（1）地段

客户在决定是否购买房产的时候，考虑的第一要素就是地段。因此，在发布任何一条房源信息时，经纪人必须明确该房源所处的地理位置，不可只是简单地知道它位于哪个区、哪个位置，而是应该对该地段的地理特征了如指掌，甚至包括该地段附近有什么设施、有什么显著建筑物、有哪几条公交线路。

回答关于房源地理位置的问题时应掌握相应的技巧。即使是相同的地理位置，不一样的解说会产生不同的结果。

例如，对于某些地段，如果你只是简单地说出区位，客户可能会说："太远了，太偏了！"而如果你告诉客户说："距离某商业中心只有五分钟车程。""那里的公交线路有十多条呢，很多车都经过那里。"那客户对该地段的认识就会更深刻。

此外，对于一些较偏远的地区，你可以用"高教区""市政重点发展方向""升值潜力"等隐含的优势条件去有意淡化客户对地段的担忧。

（2）户型

如果说地段是客户对大生活环境的选择，户型则是对居家小环境的选择。不同的客户有不同的需求，有的人由于经济能力等原因选择小户型，而有的人则会由于家庭人口原因选择大户型。

（3）价格及付款方式

价格绝对是买卖双方关注的一个焦点话题。任何人都希望购买到物超所值的商品，没有人会愿意在买卖活动中"吃亏"。

在回答有关价格问题时，可以运用一些简单而有效的心理战术，因为客户通常会对最先接收到的信息做出直觉反应。

例如，对于单价高的小户型，尽量报总价而不报单价；对于单价低的大户型，则应报单价而不是总价。这样做会使客户对价格的抗拒心理减弱很多。

（4）相关政策

房地产作为影响民生的一个重要行业，国家总是在通过政策调整引导其健康发展。一旦有新政策出现，经纪人手头的电话就会比平日多很多。

例如，国家曾出台政策，对于二手房交易未满2年的再次上市交易征收5%的增值税，这个政策与普通百姓密切相关，很多人在决定买卖二手房时会先咨询一下经纪人到底是怎么回事，搞清楚什么情况下该交增值税、税率是多少、该如何计算等问题。

不要对这些电话心生厌烦。相反，要觉得这是自己的荣幸，因为客户是把你当作专家来对待的，否则他们就会找别人咨询了。既然是"专家"，你就要对这个行业了如指掌，必须熟知与此相关的政策法规，并能将它们熟练地传达给客户。

16.2 到店接待

对到店客户的接待要领如下。

1. 招呼客户入店

客户来到店门口时，经纪人首先要招呼客户入店。招呼客户入店的规范如表16-2所示。

表16-2 招呼客户入店的规范

服务项目	服务目标	服务语言	服务态度	忌讳
客户入店时，主动与他们打招呼	使客户感到被重视	（1）早上好 （2）请问有什么可以帮您	（1）眼神接触 （2）点头微笑 （3）立即放下手头工作，有礼貌地站起来	（1）埋头工作 （2）不理客户
若客户站在门外观看或观望房源，主动打招呼	提供超越客户期望的服务	您好！请问您是否想买房？让我介绍一下该房型好吗	（1）稳步走出门口 （2）用询问式语气提问 （3）态度诚恳，留意客户的反应 （4）目光友善，面带微笑	（1）视而不见 （2）忽略客户
主动邀请客户入店	与客户建立长远关系	请进来参观，让我介绍一下我们的二手房	以邀请式手势邀请客户入店，主动替客户推门	当客户说"不"时，马上流露不悦的神色或自行离开
如遇熟客先行接待		×先生，今天休息吗？考虑得如何了呀？有什么可以帮您的呢	（1）关心口吻 （2）微笑 （3）语气温和	（1）机械式笑容 （2）过分热情

2. 按规范接待客户

客人入店后，经纪人必须立即接待客户，接待客户的规范如表16-3所示。

表 16-3　接待客户的服务规范

服务项目	服务目标	服务语言	服务态度	忌讳
客户到访时，主动打招呼	使客户感到受重视	（1）早上好 （2）您好！请问有什么可以帮您	眼神接触	埋头工作，不理客户
如遇熟客，以前接待的经纪人应亲自接待	与客户建立长远关系	××先生，决定买哪套房子了吗	（1）点头微笑 （2）立即放下手头工作，有礼貌地起身	机械式笑容或过分热情
主动邀请客户坐下，自我介绍并询问客户姓名	让客户有受到重视的感觉，使之安心了解楼盘资讯	您想看看还有什么单元可选，您先坐，我帮您查查	语调清晰、语气温和	视而不见，态度轻浮
要求客户作登记	方便跟进	我姓×，这是我的名片，请问您怎么称呼	（1）有礼貌地邀请 （2）双手持名片，正面朝向客户送上	（1）命令式的语气 （2）倒转名片或单手送上
留意客户是否有人陪同，主动提供茶水	为客户提供细致的服务	您好，请坐！请先喝杯水	态度友善、眼神接触	只集中招呼主要的一位客户，对其身旁的亲友不予理会

3. 做重点项目的介绍

接待了客户后，应向客户介绍重点项目，介绍时的要求与注意事项如表 16-4 所示。

表 16-4　重点项目介绍要求

服务项目	服务目标	服务语言	服务态度	忌讳
主动提供销售资料，介绍项目	（1）提供专业知识 （2）视客户动机选择推荐信息	这套房子在××地区，那儿是未来的市中心	口吻要专业，态度要诚恳	（1）心不在焉 （2）转动手中笔 （3）过多地运用术语
为客户分析不同二手房的资料	进一步有针对性地进行推荐	现在这栋楼里的售价大概××万，一些多层项目售价××万	逐一发问，询问语气	过于主观，坚持己见

（续表）

服务项目	服务目标	服务语言	服务态度	忌讳
判断客户的购买动机，介绍合适的二手房	进一步有针对性地进行推荐	自用还是投资呢	从朋友的角度去发问、沟通	向四周张望，打断对方讲话，不耐烦
多利用销售资料、模型等素材进行生动介绍	帮助客户理解	是啊，这附近有很多娱乐及购物场所，如×××	点头，微笑，主动回应客户	表达不流利

相关链接

不同类型的客户接待要领

遇到不同类型的客户，经纪人不能搞"一刀切"，在接待时要因人而异，只有这样才能达到良好的效果。不同类型客户的接待要领如下。

1. 优柔寡断型

这类客户遇事往往没有主见，难以做出决定。面对这类人，经纪人应牢牢抓住主动权，充满自信地运用推销语言，不断地向他提出积极的、有建设性的意见，甚至替他去做选择。有一点很重要，那就是不能忘记强调你是从他的立场来考虑问题的，这样有助于他作出决定，或在不知不觉中替他作出决定。

2. 喜欢炫耀型

这类人喜欢把"我如何如何"挂在嘴边，爱听恭维他们的话。对这类人，要耐心地仔细聆听，并适时进行称赞。

3. 沉默寡言型

这类人说话比较少，一般问一句才说一句。他们表面上显得不太随和，但只要你说的话言之有理，他们便有可能成为你的忠实客户。

4. 知识渊博型

这类人知识非常丰富，了解很多事情。这类人是最容易面对的客户，也是最容易让经纪人受益的客户。当这种客户出现时，经纪人应努力抓住机会，注意多聆听对方说话，这样可以收集各种有益的知识和资料。这类人往往宽宏、明智，要说服他只要抓住要点，不需要太多的话语，也不需要太多的心思。

5. 性格急躁型

这类人往往精力旺盛，干什么事都快。对待这种客户要精神饱满，清楚、准确又有效地回答对方的问题，回答时如果拖泥带水，这位客户就会失去耐心。对待这类客户，说话应注意简洁、抓住要点，避免扯一些闲话。

6. 疑心较重型

这类人不太容易相信陌生人，而容易对他人的说法产生怀疑。说服这类客户的关键在于让他感受到你的诚意或者你对他所提的疑问的重视，如"你提的问题真对，我也有过这种想法"等。

7. 爱讨价还价型

这类人往往对价格方面比较关注。对于这类人办法比较简单，可以在口头上作一点点的妥协，例如可以这样对他说："没有办法啊，碰上您这么能砍价的人，只好请示一下店长看能不能降点价了。"这样可以使他觉得价格已经比较便宜了，且证明了他的砍价本领。

8. 善变型

这类人容易作出决定也容易改变。因此，对他们要趁热打铁，利用这类客户容易作出决定的特点快速成交。

9. 冷静理智型

这类人的特点是急不得，如果他没有充分了解情况，你就不能指望他作出决定。对于这类客户，千万不能急躁、焦虑或向他施加压力，应努力配合他的步调，脚踏实地地去证明你说的话是正确的，慢慢就会水到渠成。

第 17 章　带客看房

在带客看房过程中，良好的客户体验有助于快速成交。如果在带客过程中出现疏漏，那么很可能引起客户的反感，后面再约客户出来就比较难了。

17.1　带看前的准备

1. 与客户约好看房时间

和客户约定看房时间时，经纪人可以这样问："× 先生／× 小姐，我帮您找到了一套房子，在 ×× 地方，房子各方面的条件都与您的要求比较吻合，不知您今天下午四点还是五点有时间看呢？"设定两个时间让客户选择，成功的概率会比较大。如果客户推托说没空看房的话，应当马上落实下次看房时间。

2. 与业主落实看房时间

约好客户之后，应马上落实业主的看房时间。如与业主的时间不能达成一致，则必须马上协调（一般采取的说法都是一方临时有急事，如忽然接到开会的通知等），直到约定在同一时间为止。

> 　　约业主要约时间段，而约客户则要约时间点。也就是说，我们在约业主时就对他说："×先生/×小姐，我们的客户会在几点到几点或者几点左右会去您那里看房。"时间段不宜过长，最好不超过半个小时。而约客户则要约时间点，要一个准确时间，几点就是几点。

3. 看房前的铺垫工作

经纪人在带看前都会做一些必要的铺垫工作，人们习惯称之为"打预防针"，具体如表17-1所示。

表 17-1　看房前的铺垫工作及注意事项

铺垫工作	要求及注意事项
与业主沟通好	（1）带看前最好先和业主打好招呼 （2）跟客户交代不要直接和业主谈价钱
了解看房人数	看房前要了解客户共有多少个人来看房，如果是多人看房，而业主又住在里面，那就有必要让同事帮忙一同去看房，防止买卖双方通过留小纸条等方式互留联系电话，造成跳单
进一步了解房源	如所属小区的规模、周边环境、交通情况等，并且尽可能地到该小区走一遍，目的主要有两个 （1）选择带看路线。从店里到该小区一般会有几条路线，有的繁华，有的幽静，有的脏乱差，这样可避免因路线不熟给客户带来不必要的障碍 （2）熟悉小区周边情况。只有熟悉该小区周边情况才能选择好约客户见面的地点，尽量避开一些中介公司密集的地方
带齐物品	带看前需准备的物品有：名片、买卖双方的电话号码、看房确认书等
时间准备	自己应规划好时间，不要迟到，更不要失约。如果临时有急事确实无法及时赴约，一定要给客户打电话，并表示歉意

每次带客户看的房子不能过多，最好不多于三套，一般的顺序为较好、最好、最差（只有两套的话，先看好的后看差的）。这个排序会给客户造成心理影响，而促使其最终选定最好的一套，也就是你准备主推的那一套。

17.2 带看过程中的要求及注意事项

带客户看房子时可能要先走一段路，到了楼盘那里，若有电梯，则要乘电梯，若没有电梯，则要爬楼梯，这一过程短则几分钟，长则要半个小时。这是展现经纪人销售技巧的过程，这一过程中若没有闪失的话，你离成功就更近了一步。

1. 带看过程中的要求

带看过程中的要求如表 17-2 所示。

表 17-2　带看过程中的要求

过程类别	具体要求
在路上	（1）在带看的路上要注意与客户多交谈。鼓励对方多说，同时你要表现得诚实、坦率。积极提问，并从客户的回答中获取需要的信息，巧妙地问一些客户感兴趣的问题，从而取得客户的好感。有时提问也是一种手段，可以将客户从偏离的话题中拉回正题。再者，交谈也可以让客户慢慢了解你，并逐渐对你产生信任感 （2）路上你还可以适当地说说预订的作用，如"好房子一定要迅速下订单，不然很快就会被其他人买走"等，为以后促使客户下订单做好铺垫
乘电梯	看电梯房的时候，必须注意进电梯时要让客户先进，出电梯时也要让客户先出，避免客户被电梯夹住
爬高层楼梯	如果看的房没有电梯，可以在走到四五楼的时候，就在楼梯那里停留一会儿，缓一缓，让客户感觉上高层楼梯也没有非常辛苦。停留的时候介绍其他的一些东西，如外面的风景之类的，千万不要说"太累了，休息一下吧"这样的话
进房后	（1）不用介绍买卖双方认识 （2）看房时根据情况紧跟着客户和业主，防止客户和业主互留电话。如果发现业主和客户互留电话则马上阻止 （3）向客户介绍房子时，不要过分掩盖客户指出的缺点，利用话题将其注意力引到房子的优点上来，并且告知客户世上没有十全十美的房子 （4）如果客户有意向，一定要趁热打铁，引导其下订单。如果客户对房子不满意，就根据其需求进行进一步的、有针对性的带看

2. 带看过程中的注意事项

在带看过程中一定要注意以下事项。

（1）不要让客户和业主有过多的接触和交流。

（2）带看完后尽量将客户带回店里面或者一定要将客户送走，以防客户回去和业主私下接触，导致跳单。

（3）一旦客户对房子产生了很大兴趣，就一定要引导其马上下订单，不能拖，一定要趁热打铁。一般的做法是把客户带回店里面，常用的理由是"我们回店里面休息一下吧，我给您算一下买这个房子还需要什么其他费用。"回店之后就可以与客户慢慢谈，引导客户下订单。

（4）制造紧张的气氛。可通过运用以下方法来营造：如果是有钥匙的房子，则可以安排多组客户在同一个时段看房，时间间隔几分钟，营造热销气氛；明确告知客户，该房已被多名客户看中，不马上下订单的话下次来很可能就没有机会了。

3. 带看后的工作

在带客看完房后，要做好以下工作。

（1）检查门窗、水、电源等是否关好。

（2）与客人探讨所看房屋是否达到或接近他们的要求。

（3）如果客户不能明确地答复，则应尽量了解客户的想法，从而为下一步的跟进做好铺垫。

（4）与客户预约下次看房的时间。

17.3 带客看房的技巧

经纪人要做好带客看房工作，在客户满怀期望的时候给客户留下良好的第一印象。

1. 带看准备技巧

经纪人在见到客户前要做好准备工作，具体如图 17-1 所示。

工作一	要守时，最好提前几分钟到达约定地点，并做好迎接准备
工作二	注意仪容仪表，男职员要打领带，女职员不能着奇装异服，夏天不能衣着暴露
工作三	对该小区的一些情况进行全面的了解，带看前最好了解房子的基本情况，如户型、装修等，做到心中有数
工作四	提前想好带看路线和看房过程中要提出的问题
工作五	思考怎样把房屋的缺点最小化、优点最大化
工作六	如带看的是有人住的房子，应提前 20 分钟左右到房东家中与其进行沟通，为看房后成交打好基础
工作七	在约客户看房时地点必须约在附近，千万不能约在此房的楼下，提前 5 分钟在约好的地方等客户让客户填写看房单，并且告知他们公司的佣金

图 17-1　见到客户前需要做好的准备工作

有些时机不宜带客人去看房，因此不要在客人提出看房要求时你就兴高采烈，而是要充分地考虑以下相关事项，以保证事半功倍。

（1）下雨天不带看。下雨天一般路不好走，尤其是一些交通不太好的路段，而且下雨天对室内的光线造成了一定的影响，显得室内很暗。

（2）一次不带看太多房子。看得太多，客户会花眼的，会拿此房的优点与彼房的缺点比，这会给后期的回访工作带来一定的困难。

（3）尽量上午带看。上午是光线最好的时候，而且上午是一个人精力比较充沛的时候，即使路途稍远或是楼层高点也不会觉得很累。

（4）带看时选择走大道，不走小巷子。有些地段是很偏僻的，而且路线也不好走，容易让客户对房屋失去兴趣。因此在带看过程中一定要仔细研究路线，不要图自己方便造成销售困难。

（5）楼层高的房子要慢慢上。在带看楼层高的房屋时，要尽量放慢速度，找一些话题和客户聊，分散客户注意力，使其不觉得楼高，以利于成交。

（6）差异性带看。差异性带看主要是针对没有主见、对房屋比较茫然的客户。对于这类客户，先带看一套房型和光线都不太好的房屋，再带看一套房型和光线都不错的房子，使二者产生强烈的反差对比，从而促成交易。

2. 带看过程技巧

经纪人见到客户后，就要充分运用技巧来带看了，具体技巧如图 17-2 所示。

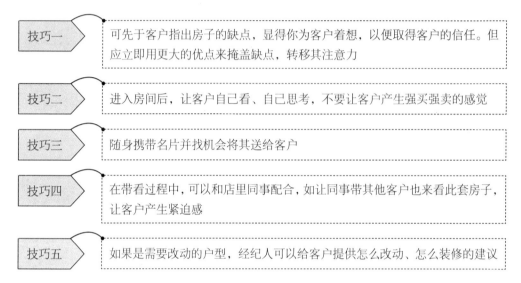

技巧一	可先于客户指出房子的缺点，显得你为客户着想，以便取得客户的信任。但应立即用更大的优点来掩盖缺点，转移其注意力
技巧二	进入房间后，让客户自己看、自己思考，不要让客户产生强买强卖的感觉
技巧三	随身携带名片并找机会将其送给客户
技巧四	在带看过程中，可以和店里同事配合，如让同事带其他客户也来看此套房子，让客户产生紧迫感
技巧五	如果是需要改动的户型，经纪人可以给客户提供怎么改动、怎么装修的建议

图 17-2　带看过程技巧

3. 重复带看客户的处理技巧

很多客户都喜欢当天看完后回家考虑，并且让家里人及从事房产这一行的朋友提出一定的意见。针对这样的客户，经纪人要做到以下几点。

（1）准确地配对，让客户找到一套满意的房屋。

（2）带看前告知客户带看不收费，但很辛苦，希望他把能作主的家属都带上。

（3）在带看过程中对客户进行技巧性销售。

4. 回访工作技巧

经纪人根据情况安排回访时间，要询问客户意向，告诉他现在还有人在看房，促其尽快作决定，再借其他客户之口报价，约他到店里来详谈。若客户表示还要考虑一下，一定不要强买强卖，要表示理解，但一定要提示他需要尽快，否则有可能会失去这套房子。若看不出这位客户的购房意向，可以推迟两天再做回访。

带客看房易犯的错误

下面介绍的是带客看房时容易常犯的错误，经纪人在带客看房时要尽量避免犯这些错误。

1. 过于迁就客户

客户买房时通常都会比较谨慎及犹豫，这就需要我们进行推动，约客看房时不要问"您什么时候有时间看房"，这样问大部分都会得到同样一个答案："有时间再约吧。"因而，约客看房时，经纪人一定要直接问他："您是上午有时间还是下午有时间？"尤其对于一些热销二手房，如果约客约得晚，就只能看着别人成交了（我们一定要把这些信息巧妙地传递给客户，让其产生紧张感，然后抽时间来看房）。

2. 见面不知如何沟通

有些经纪人与客户见面时不知如何沟通，主要表现如表 17-3 所示。

表 17-3　与客户见面不知如何沟通的表现形式

表现形式	具体细节
害怕、怯场	如果自信心不足，会令客户对你大失所望
不知道应该讲什么	由于所了解的行业知识不足，或者以往与陌生人接触得不多，因此不能营造轻松愉快的谈话氛围
不敢介绍	在接触客人的过程中，因害怕讲得越多错得越多，往往会保持沉默，甚至经常出现冷场。这种情况会令客户不想和你沟通，觉得你很冷淡，导致看楼后很难再跟进
不知怎样提问	很多经验不足的经纪人只会问客户贵姓、需要何种类型的房屋、购房的预算等问题。这些问题也一定要问得有技巧，不能单刀直入、不加修饰。其实客户初次接触我们时，最容易被套出心底话，因为客户都希望我们能帮到他，所以客户很乐意提供信息，因此，懂得怎样提问题非常重要

3. 不熟悉环境与楼盘，胡乱吹嘘

不熟悉环境与楼盘的表现如表 17-4 所示。

表 17-4　不熟悉环境与楼盘的表现

表现形式	具体细节
不熟悉环境	对楼盘的周边环境不熟悉，当客户忽然提出一些问题时，往往哑口无言
不熟悉楼盘	这是行业大忌。对于客户来说，他们认为经纪人就如计算机一样。客户问你楼盘资料时，你必须能及时回答，否则客户对你的印象就会大打折扣，所以经纪人一定要对所负责的楼盘非常熟悉
不熟悉房龄、户型、面积等	这个弱点会令客户对你失去信心。买房是人生大事，每位客户都会有很多疑虑，如经纪人的回答不能令客户满意，客户就会怀疑你的专业性和业务能力
不熟悉所推荐房屋的详细情况	客户想进一步了解你所推荐房屋的详细情况时，如果你都说不出来，客户会对你失去信任
怕答错问题	经纪人在和客户交流的过程中，应大胆假设、小心求证、勇于交谈。不小心讲错时，可以诚恳道歉，继而及时提供正确的答案

4.不了解客户真正需求

经纪人应了解客户的真正需求，具体如下。

（1）买房的动机——是自住、投资还是给老人家住等。

（2）希望成交的价格、面积、户型。

（3）几个人住，谁是购房的最高决策者。

（4）置业所考虑的地点（主要取决于买房的动机，如自住、投资、为工作、为生活、为孩子上学、为父母等）。

（5）需要在什么时候买到房，看房花了多长时间。

5.只管带路，不会解说

（1）进到房屋里面时不知讲什么

看房时，有些经纪人由于对楼盘不熟或怯场、经验不足，往往不知道怎样介绍，或者一味地说好话，甚至有时遇到楼盘景观不好、装修破烂的情况都不知道怎样解释，导致客人对房屋印象模糊甚至恶劣，并且让业主觉得你没有能力帮助他，两边不讨好。

（2）不知道业主姓名

业主也是我们的客户，他也同样给我们佣金，如果你记错业主姓名，就会错失一个给业主留下好印象的机会，以后谈价时就很难营造出好的氛围。

（3）不知业主背景、放盘的原因

很多时候客人都很想知道业主为何卖房，所以要多了解业主的背景，这有利于说服客户，也有利于拉近你与业主的距离。

在看楼时，要善于察言观色，关注业主和客户的反应，了解房屋的优劣。当发现某方特别想买或者特别想卖时，应及时采取相应措施。

6. 不懂报价

当客人问到一套房子的价格时，有的经纪人不知道怎样报价，报得太高担心把客户吓跑了，报低了又怕客户还价时没有空间。请记住：比"最低价"叫高一些，永远好过无价可还。

7. 看楼后不送客

现在房地产中介店铺林立、同行遍地，看完房后应尽量把客户送到车场或送上车，这样就避免了被同行拦截的可能。

8. 看完就走

有的经纪人在带客看完房后就走了，也不关闭窗户、锁好大门、关掉屋内所有的水电设施，这很容易给客户留下不负责任的印象，从而影响他对你的信任。

9. 没有向业主回复客户的情况

带客户看完房后一定要向业主回复客户的情况，顺便利用客户所说的房子的缺点向业主压价（此举能够借客户的意见打击业主的信心，为日后的杀价打好基础）。

房地产中介门店管理与运营一本通

第 18 章　议价与定价

一般来说，买家都希望自己能以最优惠的价格购入，而卖方都希望能以最高的价格卖出。这时，就需要房地产中介门店的经纪人进行协调，以便达成最后的协议。

18.1　议价的前提

议价的前提是带客户看完房后，客户表现出强烈的购房意向。当客户表现出这方面的意向时，经纪人应该做好以下工作。

（1）看完房后将客户立刻带回公司。

（2）再次肯定和赞扬客户的眼光，适时地对客户描绘买下该房产的前景和利益，增强客户的购买欲望。

（3）到达公司后，礼貌地请客户到洽谈室就座，并及时送上茶水。

（4）向客户介绍公司的概况和提供完善的售后服务，提高客户的信任度，打消其后顾之忧。

（5）根据带看现场过程中客户的神情举止，针对客户认同的房产优点，有序地引导客户洽谈购买事宜。

例如，"×先生／×小姐，这个小区的环境好不好？""对这套房子感觉怎么样？""户型满意吗？""采光好不好？"

要抓住已有的优势及有利条件，让客户做出肯定的回答；得到客户的肯定回答后再继续逼近主题。

例如，"×先生／×小姐，既然您对这套房子很满意了，那房子的价格是不是可以接受？"

18.2　与业主谈价

谈价是房地产交易中最重要的一环，是比较复杂的一个步骤。经纪人与业主谈价时要运

138

用相关技巧，具体如表18-1所示。

表18-1　与业主谈价的技巧

技巧	具体内容
挑剔房屋的缺点	陈述房屋的缺点（如户型格局、周围环境、采光、装修、裂缝、漏水等），告知其开出的价位有问题
比较市场行情	列举近期成交的市场价位，引导业主给出较合理的价位
更换谈判的人	如果谈判陷入僵局，不妨换个人试试，也许能柳暗花明
更换谈判地点	原先在业主家里谈，环境由他控制，可以换个场所试试。例如，请业主来一趟公司，或到咖啡厅喝杯咖啡……因为换了地点也换了气氛，在价格沟通方面也许会有突破
调停者适时介入	当谈判陷入僵局时，可以请对方信任的人或专业人士从中调和
一人一半，大家都公平	在建议价格时，不断强调其实差得不多，双方各让一半
投其所好	有些人喜欢听好话，正所谓"礼多人不怪，嘴甜人人爱"。以赞美的语句来调和业主的情绪，再乘机做价格方面的沟通
利用好时机	如刚好遇上新政策出台或者市场淡季等，可以用大环境来向业主施加压力

18.3　与客户谈价

1. 适度坚持价格

还未经一番磨价，在谈判刚开始就主动让价或很快就失去了耐心，那经纪人在谈判中肯定会失去主动权，被客户牵着鼻子走。坚持价格时可采取一定的方法，具体如图18-1所示。

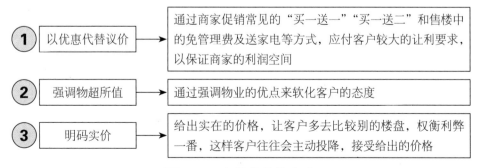

① 以优惠代替议价	通过商家促销常见的"买一送一""买一送二"和售楼中的免管理费及送家电等方式，应付客户较大的让利要求，以保证商家的利润空间
② 强调物超所值	通过强调物业的优点来软化客户的态度
③ 明码实价	给出实在的价格，让客户多去比较别的楼盘，权衡利弊一番，这样客户往往会主动投降，接受给出的价格

图18-1　坚持价格的方法

2. "一次出价"探底价

"那您认为多少钱适合呢？"这样就可以问出客户心目中的价格，达到先发制人的目的，从而取得谈判的主动权，从容地应对客户。

3. 遣将不如激将

谈判谈得差不多了，如果客户提出的价格又在底价之上，经纪人不妨来个激将法："如果是这个价格，您现在就能定下来吗？如果可以我就请示经理（上司）！"若回答是肯定的，经纪人就要快刀斩乱麻，以免夜长梦多。

18.4　引导客户谈价

1. 引导客户谈价之前的准备工作

经纪人在开始接待客户时，应时刻观察客户的心态转变及喜恶。我们其实可以从客户的言谈举止上洞悉"购买讯号"的出现，具体如图 18-2 所示。

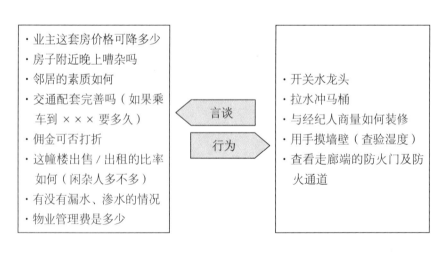

图 18-2　言谈举止反映的"购买讯号"

如果房子正在出租，客户可能会问以下问题。

（1）业主为人怎样？是否住在附近？

（2）租金及押金一共多少？

（3）这套房空置了多久？

（4）上个租客是什么人？是否合约期满才搬，还是提早迁出呢？

2. 让客户缴付诚意金（订金）

经纪人在谈判过程中，应明白只要客户一日未缴付诚意金（订金），无论怎样商讨细节都是空谈，客户可以随时反悔。经纪人应了解诚意金在谈判时的重要性。

（1）可以了解客户的诚意。

（2）客户交付诚意金后，再四处找其他房地产公司的可能性不大。

（3）向客户解释业主平日一天都会接到很多还价的电话，但都是空谈的，只有缴付了诚意金，业主才会真心实意地和你谈价钱。

18.5　向业主还价

每一个业主都希望自己的房子能售出高价，这是可以理解的，但要注意，当我们知道客户的还价后，不用马上告诉业主，我们应做好还价的准备工作，因为向业主还价在很大程度上会影响整个交易。在还价之前，经纪人首先要深入了解客户及业主，如双方的家庭背景、经济状况、工作地点、心态、急切程度等，然后再采取相应的行动。

经纪人在向业主还价过程中，要注意以下几个事项。

1. 兴趣甚大

经纪人切勿向业主表明客户对其房屋十分有兴趣，只可表示在其考虑之列，否则很难杀价。

2. 放价太快

就算客户肯付出的价钱与业主的售价相同，经纪人也应尽量留价在手，将其作为谈判筹码。因为业主一日未签合同及收取诚意金，都有可能随时变价。

3. 害怕被拒绝

其实无论客户还的价钱多低，经纪人都有责任让业主知道，业主说不定肯接受此价钱。经纪人切勿将太多主观因素放在谈判交易当中，应该客观地、耐心地向业主解释这是客户的要求，我们中介是有责任将客户的"价格进展"汇报给业主的。

4. 懂得收放自如

经纪人有时过分逼客户加价及无理地要求业主降价，会令客户及业主反感，使双方在谈判过程触礁。经纪人应懂得通过参照双方的背景、目的、经济能力、家庭状况等因素，合理设定要客户加价和业主降价的理由。

18.6 促成交易

对于房地产中介门店来说，目的是撮合买卖双方，一切都要围绕交易展开。因此，前面做了那么多工作，都是为促成交易做铺垫。

1. 快速促成交易的技巧

为了促成交易，有必要对客户采取一些特殊的措施，如通过"逼"的方法让客户快速做出决定。当然，这里说的"逼"不是传统意义上的"强迫"，而是指给客户一些心理诱导，使他非常愉悦地签约成交。下面是一些实用的快速促成交易的技巧。

（1）针对客户的背景和当下的市场环境，给客户分析买房的必要性。

（2）针对客户的需求，告诉客户这种房就此一个，过了这个村就没这个店了。

（3）针对客户的购房动机，告诉客户"从投资角度来说，现在最适宜，等几天价格肯定会涨"。

（4）强调房屋、周边配套、环境的优点，展开攻势。

（5）强调房屋的升值潜力，如附近的重大公共建设、政府公共设施、学校等。

（6）说服业主重新装潢房屋，增加房屋附加值，进而提高售价。

（7）若现实情况允许，提高房屋贷款金额，减少首付款，加快成交速度。

（8）代为设计房屋，如建议在屋角摆设花柜、在玄关摆设壁画等，让客户产生美好联想。

（9）强调交易的安全性和可靠性，以此巩固客户成交的信心。

（10）对价格要有信心，不轻易让价。

（11）不要以客户出价作为加价基础。

（12）攻心为上，可采用迂回策略，使用一面介绍、一面聊天的方式，建立客户对你的好感。

（13）让客户感觉有其他人正在考虑购买该房屋。

（14）与资深同事探讨，以便对症下药。

2. 面对拒绝的应对方法

客户有时候会用一些说辞来拒绝，这时候，经纪人要根据不同的说辞采取相应的化解方法，常见的情况如表 18-2 所示。

表 18-2　常见拒绝情形及应对方法

常见情况	客户分析	对症下药
家里人不同意	（1）有可能客户的家属真的不同意 （2）是客户的一种借口 （3）客户及其家属对楼盘本身不了解 （4）是客户生怕家属有意见而说的	（1）您家属不同意是可以理解的，因为他们和您一样开始也不太了解我们的楼盘，等他们了解后再说吧！不如约个时间和您的家属一起到我们现场参观一下，您看星期一还是星期二好呢 （2）是吗？这么重大的事与家属商量是应该的，不过您是一家之主，您自己觉得如何？如果您觉得好，我想您家属肯定会同意的 （3）其实买房子是一件好事，您家属不会反对的，只要您到我们现场参观一下，进行全面的了解，再回去和他们商量，我相信他们也会来看看 （4）事实上，购房最大的受益人就是您家属，我想他们有意见一定是对我们的楼盘不了解，这样好啦，由我们出面给您家属介绍一下，有问题当面沟通好吗
等过一段时间再说吧	客户为了尽快摆脱经纪人而说出的话	当然啦，这是一件大事，考虑一段时间也是非常必要的，只不过现在房子卖得很快，每天都有二三十批客户去看楼，早一天就多一个选择，要是好的房子都给人家挑了，再后悔就晚了。既然您有这个考虑，就先来看一看再回去考虑，怎么样
我要先和别的楼盘对比一下	（1）客户有货比三家的习惯 （2）客户可能对别的楼盘更感兴趣 （3）客户还在考虑中	（1）您是个识货的人，知道货比三家不吃亏，但我觉得这套房在位置和环境方面比较适合您，您最好到现场详细了解一下 （2）先生（小姐），最重要的是您想好要哪种类型的住宅，然后再从中选择，我对其他楼盘也比较熟悉，我们可以一起分析，我相信 ××× 花园一定适合您 （3）您考虑得很全面，买房确实是一件大事，但现在您既然已经来了，就让我详细地向您介绍一下（马上展示资料或带去看楼）

（续表）

常见情况	客户分析	对症下药
我经常走动，随时有可能不在这里	（1）客户可能工作不稳定 （2）客户可能是外地人	（1）风险无处不在，动荡的生活更应该找个安全保障，即使您有可能不在这里工作，但也需要找一个安居的地方嘛，正所谓"宁可食无肉，不可居无所" （2）先生，我们的房子产权是70年的，并且带有户口指标，您好像在这儿工作有一段时间了，也该找个地方安定下来啦
我刚买了	（1）客户有可能真的在其他地方或者在我们的楼盘买了 （2）有可能随便说说	（1）恭喜您！您买的房子一定很漂亮，今天我们既然碰上了，就让您了解一下我们的×××花园，您也可以对比一下，如果觉得好也可以介绍您的朋友来买呀 （2）那太好了，我现在可以向您介绍一下我们的物业管理情况
我不需要，我也是搞房地产的	（1）客户本身可能对房地产有所了解 （2）客户本身确实是做房地产的	（1）难得碰到一位房地产行业的专家，相信您在这方面一定很有见识，可以对我们提一点宝贵的建议吗 （2）那更好呀，您已对房地产有很深的了解，既然我们已谈上了，就让我向您介绍一下我们的楼盘，好吗
我有朋友在房地产公司工作，我会找他们	（1）确实有朋友在房地产公司 （2）随口说的	（1）如果您觉得我们也可以成为朋友的话，那么在购房的时候您又多了一个参谋 （2）您的朋友在房地产公司，那您一定对房地产有所了解，但现代社会，购房不一定要从朋友那里买，而是要看哪个楼盘前景、环境以及条件比较好，可不可以给我一个机会，让我详细介绍一下？如果您不满意，可以大大方方地拒绝我，而不必碍于情面
你们收取的费用太多了	不太认同佣金数额	（1）我们的费用是经过物价局审批的，另外，我司大部分费用都是国家部门收的，不知您具体指哪部分的费用 （2）我们所收的费用同您将能得到的保障相比应该算不上什么
你们是骗人的，你们就是想收佣金	在客户的心目中，做推销的都是靠佣金吃饭的	（1）我们有同事向您收取佣金了？有很多人都像您这样认为，但这是对我们有所误解，其实我们只是向您推荐楼房而已，也希望我们的介绍能给您提供一些参考

144

（续表）

常见情况	客户分析	对症下药
你们是骗人的，你们就是想收佣金	在客户的心目中，做推销的都是靠佣金吃饭的	（2）（用开玩笑的口吻）先生，我们能骗取您的什么呢，大不了就骗您用十多分钟看看楼而已，不是吗
不用小订，到时我直接来成交就可以啦	怕上当受骗，回去被亲戚朋友取笑，或对我们小订的意义不清楚	（1）一般情况来说，您的想法有一定的道理，但是现在我们每天都有很多客户来看楼，不知您今天看好的房子明天还有没有，因此小订有好处，更何况这也是我们公司坚持先到先得的原则，对您可以说有百利而无一害 （2）您的观念很好，但是请问您一下，什么时候能够过来成交呢？如果今天不能决定下来，那最好还是落个小订，这样您所看中的房子就有了保障，要不然其他客户看上了我也没办法，对不对 （3）您既然不能马上决定下来，落个小订我们有三天时间让您充分考虑，并且在这三天内，就算有客户看上了，我也会先征求一下您的意见再出售，更何况小订的钱不论您买不买房都是要退还给您的

第 19 章　签订合同

签订合同是一个非常重要的环节，稍有疏忽，就可能引发法律纠纷，给自己和公司造成不必要的麻烦。如今消费者的自我保护意识越来越强，更需要认真签订合同。因此，在签订合同时，经纪人必须谨慎地按照规定的程序和步骤进行操作。

19.1　签订合同前的准备

1. 相关事项的再次确定

（1）房产权利现状再次确认：确定房产的产权证及所有权人；是否有共有人，共有人对房产出售是否持相同意见；是否存在他项权利；业主还贷能力如何，谁还贷；如属合同房，是一次性付款还是按揭付款，按揭银行、按揭年限、待还款额度、月供款等分别是多少。

（2）确定双方认可的付款方式。

（3）确定交易应付的税费及因交易产生的相关费用。

（4）确定交易的确切时间及房产交付使用的时间。

（5）确定该房产内的户口问题。

（6）确定维修基金及预交契税的归属。

（7）确定水、电表的数据及电视、煤气的过户问题。

（8）确定过户前有关费用的支付情况。

（9）确定随房产赠送的物品。

（10）确定佣金的支付方式。

（11）确定其他双方要求的特定问题。

（12）确定双方责任及违约处理情况，以及因交易产生的相关费用的支付问题。

2. 主动与业主、客户联系，提醒相关事项

在约定的签约日期前一天或前几天，经纪人应主动与业主、客户联系，再次确定具体时间。

（1）提醒产权人、共有人带上能证明房产产权的相关证明及个人身份证。委托人代理签署的，带上法律认可的委托书和个人身份证。

（2）提醒客户带上购买房产需要的定金、佣金及本人身份证。

3. 再次梳理可能发生的问题

（1）回顾与客户的洽谈情况，对客户关注的问题和顾虑事项做一次认真梳理，为签约做好准备。

（2）事先分析签约时可能发生的问题，并设计好应对方法，以防不测。

4. 清理签约现场

清理签约现场，保持现场的干净整洁，创造良好的签约环境。

5. 事先准备好合同文本及相关证件

要整理好合同文本（买卖合同一式四份），并将公司需配备的相关证件、印章、收据等都准备齐全。

19.2　合同的正式签订

1. 草拟合同

草拟合同后，买卖双方对合同无异议，主要负责的经纪人应对合同进行全面的审核。

2. 签约准备

复印客户资料，并开好定金及佣金的收据（收取佣金后，可视产权的完整性将定金转交给房产业主，由业主签名并盖章确认）。

3. 双方当场签约

双方签署合同，签名后并盖章确认。

4. 恭喜买卖双方

恭喜买卖双方。

5. 权证变更事宜的移交

请买卖双方填写"客户业务交接单"或介绍权证部同事与双方认识，告知双方办理手续所需的大致时间，为双方指定办理时间并做好安排。

客户如办理按揭，应告知其所需准备的材料：身份证、户口簿、婚姻证明（单身证明、结婚证、离婚证及民政部门开出的其他证明）、首期款复印件、个人收入证明、按揭银行的存折、个人近一年内的银行流水等。

19.3 二手房买卖合同

1. 二手房买卖合同的基本内容

二手房交易过程比较复杂，涉及的内容较多，应签订书面合同，这是法律强制性规定。二手房买卖合同应当具备以下主要内容。

（1）当事人名称或者姓名和住所。

（2）房屋所有权证书名称及编号。

（3）房屋基本状况（包括产权声明等）。

（4）房屋的用途或使用性质。

（5）房屋价款的确定方式及总价款、付款方式、付款时间。

（6）房屋交付及办理过户的日期。

（7）房屋装饰、设备标准的现状。

（8）权利义务内容。

（9）违约责任。

（10）解决争议的方法。

（11）合同生效条款。

（12）合同的中止、终止或解除。

（13）合同的变更与转让。

（14）双方约定的其他事项。

（15）合同附件。

2. 注意事项

经纪人在买卖双方签订合同时，需确认合同中有没有以下条款。

（1）房屋的价格。

（2）手续办理时间。

（3）入住时间。

（4）附属设施保留与否。

（5）违约责任。

下面提供一份某房地产中介公司二手房屋买卖合同的范本，供大家参考。

二手房屋买卖合同

出售人（以下简称"甲方"）姓名（或名称）：＿＿＿＿＿＿＿＿＿＿＿＿＿＿＿＿

身份证件号（或营业执照号）：＿＿＿＿＿＿＿＿＿＿＿＿＿＿＿＿＿＿＿＿

买受人（以下简称"乙方"）姓名（或名称）：＿＿＿＿＿＿＿＿＿＿＿＿＿＿＿

身份证件号（或营业执照号）：＿＿＿＿＿＿＿＿＿＿＿＿＿＿＿＿＿＿＿＿

中介人（以下简称"丙方"）名称：＿＿＿＿＿＿＿＿＿＿＿＿＿＿＿＿＿＿＿

营业执照号：＿＿＿＿＿＿＿＿＿＿　　中介资质证书号：＿＿＿＿＿＿＿＿＿＿

根据《中华人民共和国合同法》《中华人民共和国房地产管理法》及其他有关法律、法规之规定，甲、乙、丙三方在平等、自愿、协商一致的基础上达成如下中介房屋买卖合同。

一、经丙方介绍，甲方自愿将本条第二款所列房屋出售给乙方，甲方已将房屋状况充分告知乙方，乙方对甲方所出售的房屋及附属设施、装潢情况已充分了解，愿意购买该房屋。

甲方出售的房屋情况如下。

（一）房屋坐落＿＿＿＿＿＿＿＿＿＿＿＿＿＿，房屋所有权证号＿＿＿＿＿＿＿＿，产权性质＿＿＿＿＿＿＿＿，建筑面积＿＿＿＿平方米。

（二）附属设施、装潢情况＿＿＿＿＿＿＿＿＿＿＿＿＿＿＿＿＿＿＿＿＿＿。

二、甲、乙双方约定上述房屋成交价款为人民币_____元（大写_____），附属设施、装潢价款_____元（大写_____），总计_____元（大写_____）。合同签订之日，乙方支付给甲方定金_____元（大写_____），由丙方代为保管。

三、付款方式、期限及房屋交付

（一）乙方按下列第_____种方式付款。

1. 本合同签订之日起_____日内，乙方将上述房款付清，交付给_____方，购房定金在付款时冲抵房款，如房款交付给丙方，丙方应在_____日将房款转交给甲方。

2. 乙方在到市房地产交易所交纳税费当日将房款付清给甲方，购房定金在付款时冲抵房款。

3. _____。

（二）甲方按下列第_____种方式将房屋交付给乙方。

1. 在乙方房款付清之日交付。

2. _____。上述房屋交付给乙方之前发生的该房屋的物业管理费、水电费、煤气费、电讯费及其他有关费用由甲方缴纳。

四、房屋建筑面积以市房管部门按现行的房屋测量规范测量的为准，如与原产权证记载面积不一致，甲、乙两方约定按下列第_____种方式处理。

1. 按套计件，房价款不变，互不退补。

2. _____。

五、甲方应保证上述房屋权属清楚，无产权纠纷，符合房屋转让条件。自本合同签订之日起，该房屋若发生与甲方有关的房屋产权纠纷或债权债务概由甲方负责清理，并承担相应的法律责任，由此给乙方造成损失的，由甲方赔偿。

如甲方出售房屋为房改房的，应由甲方办理完毕房改房上市交易审批手续。

甲方应在本合同签订之日向乙方或丙方提供房屋交易所需资料，协助办理上述房屋的交易、权属登记手续。

六、丙方应提供良好的中介服务。丙方应将其所知道的出售房屋状况向乙方作充分说明；同时应将办理房产交易、权属登记所需资料、程序以及应缴纳的个人所得税、契税、交易综合服务费和其他有关费用的种类和标准充分告知甲、乙两方。

七、本中介房屋买卖合同签订后_____日内，应向市房管部门申请办理该房屋的交易、权属登记手续，上述房屋在办理交易、权属登记手续所发生的税费，甲、乙双方约定由__

____方承担，如无约定，按国家规定由各自承担。

办理登记后，三方约定市房管部门出具的收件收据由_____方收执，并由_____方凭此收据及相关证件领取房产证。如由丙方领证，丙方应当在_____日内将房产证交给乙方。

八、甲、乙两方应各自按上述房屋价款的_____%支付给丙方中介服务费，各为_____元。给付方式和期限为_____。

九、中介房屋买卖合同的违约责任

1. 本合同签订后，乙方中途悔约的，应及时通知甲、丙两方，购房定金归甲方所有；甲方中途悔约的，应及时通知乙、丙两方，并应在悔约之日起_____日内双倍返还购房定金给乙方。

本合同签订后，甲、乙两方中一方悔约的，违约方应承担双方的中介服务费，丙方有权在定金中优先收取。

2. 甲方未履行房屋权属状况的告知义务而导致乙方发生重大误解并造成损失的，由甲方承担相应的法律责任，丙方如未将其所知道的房屋权属状况向乙方作充分说明，承担连带责任。

3. 乙方未按期向甲方付清购房款或甲方未按期向乙方交付房屋的，每逾期一日，由违约方给付对方该房屋总房款万分之_____的违约金。逾期_____日未付清房款或未交付房屋的，对方有权解除本合同，违约方应承担违约责任并对由此造成的损失承担赔偿责任。甲、乙两方或一方未按期给付丙方中介服务费的，每逾期一日，违约方应按中介服务费的_____%给付丙方违约金。

因甲乙两方其中一方的原因逾期未申请办理房屋交易、权属登记手续的，每逾期一日，由违约方给付对方总房款万分之_____的违约金；因丙方原因逾期未申请的，每逾期一日由丙方按中介服务费的百分之_____分别付给甲、乙两方。

十、本合同在履行过程中发生争议，由合同当事人协商解决；协商不成的，可以向×××仲裁委员会申请仲裁，也可以直接向人民法院起诉。

十一、本合同内空格部分填写的文字与印刷文字具有同等效力，如手写项填写内容与印刷文字内容不一致，以手写项为优先。

十二、丙方应保证甲、乙两方及上述房屋的其他权利人签名属实，如因签名不实引起纠纷的，由过错方与丙方共同承担由此而引起的民事责任。

十三、本合同一式四份，甲、乙、丙方各执一份，一份送交市房地产交易所。

十四、本中介房屋买卖合同自三方签字之日起生效。

十五、当事人自行约定的其他事项：_____

甲方（签章）：_____　　乙方（签章）：_____

身份证件号码：_____　　身份证件号码：_____

丙方（签章）：_____　　法定代表人：_____

身份证件号码：_____

经办人：_____　　身份证件号码：_____

鉴证机关（盖章）

年　月　日

19.4　房屋租赁合同

房屋租赁合同是一种承诺合同，也就是说，合同一经签订，即对双方当事人具有法律约束力，出租人不仅应按时交付作为标的物的房屋，而且交付的房屋应符合约定的使用目的。

1. 明确是否符合出租条件

除下列条款规定之外的房屋可以出租。

（1）没有产权、产权有年限的或受到限制的。

（2）共有房地产未取得其他共有人同意的。

（3）属于违章建筑的。

（4）不符合安全标准的。

（5）已作为资产抵押且未经抵押权人同意的。

（6）土地使用权出让合同限制出租的。

（7）法律、行政法规禁止出租的。

2. 主要内容

房屋租赁合同内容主要包括房屋地址、居室间数、使用面积、房屋家具电器、层次布局、装饰设施、月租金额、租金缴纳日期和方法、租赁双方的权利义务、租约等，签订好这些条款后，租赁合同就成立了。

3. 注意事项

查验租赁物业的合法性。

下面提供一份某房地产中介公司的房屋租赁合同范本，供大家参考。

房屋租赁合同

房屋租赁合同编号：_____。

本合同当事人出租方（以下简称"甲方"）_____，承租方（以下简称"乙方"）_____，根据《中华人民共和国合同法》及相关法律法规的规定，甲乙双方在平等、自愿的基础上，就甲方将房屋出租给乙方使用、乙方承租甲方房屋事宜，为明确双方权利义务，经协商一致，订立本合同。

第一条　甲方保证所出租的房屋符合国家有关租赁房屋的相应规定。

第二条　房屋的坐落、面积、装修、设施情况。

1. 甲方出租给乙方的房屋位于____省____市____区____县，门牌号为_____。

2. 出租房屋面积共_____平方米（建筑面积／使用面积／套内面积）。

3. 该房屋现有装修及设施、设备情况详见合同附件。该附件作为甲方按照本合同约定交付乙方使用和乙方在本合同租赁期满交还该房屋时的验收依据。

第三条　甲方应提供房产证（或具有出租权的有效证明）、身份证明（营业执照）等文件，乙方应提供身份证明文件。双方验证后可复印对方文件备存。所有复印件仅供本次租赁使用。

第四条　租赁期限、用途。

1. 该房屋租赁期共____个月，自____年____月____日起至____年____月____日止。

2. 乙方向甲方承诺，租赁该房屋仅作为_____使用。

3.租赁期满，甲方有权收回出租房屋，乙方应如期交还。乙方如要求续租，则必须在租赁期满____个月之前书面通知甲方，经甲方同意后，双方重新签订租赁合同。

第五条　租金及支付方式。

1.该房屋每月租金为_____元（大写：____万____仟____佰____拾元整）。租金总额为_____元（大写：____万____仟____佰____拾____元整）。

2.房屋租金支付方式如下：甲方收款后应提供给乙方有效的收款凭证。

第六条　租赁期间相关费用及税金。

1.甲方应承担的费用

（1）租赁期间，房屋和土地的产权税由甲方依法交纳。如果政府有关部门征收本合同中未列出项目但与该房屋有关的费用，应由甲方负担。

（2）_____。

2.乙方交纳以下费用

（1）_____。

（2）_____。

乙方应按时交纳自行负担的费用。甲方不得擅自增加本合同未明确由乙方交纳的费用。

第七条　房屋修缮与使用。

1.在租赁期内，甲方应保证出租房屋的使用安全。该房屋及所属设施的维修责任除双方在本合同及补充条款中约定外，均由甲方负责（乙方使用不当除外）。

甲方如维修需提前____日书面通知乙方，乙方应积极协助配合。乙方向甲方提出维修请求后，甲方应及时提供维修服务。对乙方的装修装饰部分，甲方不承担修缮的义务。

2.乙方应合理使用其所承租的房屋及其附属设施。如因使用不当造成房屋及设施损坏的，乙方应立即负责修复或承担经济赔偿责任。乙方如改变房屋的内部结构、装修或设置对房屋结构有影响的设备，设计规模、范围、工艺、用料等方案均需事先征得甲方的书面同意。租赁期满后或因乙方责任导致退租的，除双方另有约定外，甲方有权选择以下权利中的一种。

（1）依附于房屋的装修归甲方所有。

（2）要求乙方恢复原状。

（3）向乙方收取恢复工程实际发生的费用。

第八条　房屋的转让与转租。

1. 租赁期间，甲方有权依照法定程序转让该出租的房屋，转让后，本合同对新的房屋所有人和乙方继续有效。

2. 未经甲方同意，乙方不得转租、转借承租房屋。

3. 甲方如出售房屋，需在____个月前书面通知乙方，在同等条件下，乙方有优先购买权。

第九条　合同的变更、解除与终止。

1. 双方可以协商变更或终止本合同。

2. 甲方有以下行为之一的，乙方有权解除合同。

（1）不能提供房屋或所提供房屋不符合约定条件，严重影响居住。

（2）甲方未尽房屋修缮义务，严重影响居住。

3. 房屋租赁期间，乙方有下列行为之一的，甲方有权解除合同，收回出租房屋。

（1）未经甲方书面同意，转租、转借承租房屋。

（2）未经甲方书面同意，拆改、变动房屋结构。

（3）损坏承租房屋，在甲方提出的合理期限内仍未修复。

（4）未经甲方书面同意，改变本合同约定的房屋租赁用途。

（5）利用承租房屋存放危险物品或开展违法活动。

（6）逾期未交纳按约定应当由乙方交纳的各项费用，已经给甲方造成严重损害的。

（7）拖欠房租累计____个月以上。

4. 租赁期满前，乙方要继续租赁的，应当在租赁期满____个月前书面通知甲方。如甲方在租期届满后仍要对外出租的，在同等条件下，乙方享有优先承租权。

5. 租赁期满合同自然终止。

6. 因不可抗力因素导致合同无法履行的，合同终止。

第十条　房屋交付及收回的验收。

1. 甲方应保证租赁房屋本身及附属设施、设备处于能够正常使用的状态。

2. 验收时双方共同参与，如对装修、器物等硬件设施设备有异议，应当场提出。当场难以检测判断的，应于____日内向对方主张重新验收。

3. 乙方应于房屋租赁期满后，将承租房屋及附属设施、设备交还甲方。

4. 乙方交还甲方房屋应当保持房屋及设施、设备的完好状态，不得留存物品或影响房屋的正常使用。对未经同意留存的物品，甲方有权处置。

第十一条　甲方违约责任处理规定。

1. 甲方因不能提供本合同约定的房屋而解除合同的，应支付乙方本合同租金总额____%的违约金。甲方除应按约定支付违约金外，还应对超出违约金以外的损失进行赔偿。

2. 如乙方要求甲方继续履行合同的，甲方每逾期交房一日，则每日应向乙方支付日租金____%的滞纳金。甲方还应承担因逾期交付给乙方造成的损失。

3. 由于甲方怠于履行维修义务或情况紧急乙方组织维修的，甲方应支付乙方费用或折抵租金，但乙方应提供有效凭证。

4. 甲方违反本合同约定提前收回房屋的，应按照合同总租金的____%向乙方支付违约金，若支付的违约金不足以弥补乙方损失的，甲方还应该承担赔偿责任。

5. 甲方因房屋权属瑕疵或非法出租房屋而导致本合同无效时，甲方应赔偿乙方损失。

第十二条　乙方违约责任处理规定。

1. 租赁期间，乙方有下列行为之一的，甲方有权终止合同，收回该房屋，乙方应按照合同总租金的____%向甲方支付违约金。若支付的违约金不足以弥补甲方损失的，乙方还应负责赔偿直至弥补全部损失为止。

（1）未经甲方书面同意，将房屋转租、转借给他人使用的。

（2）未经甲方书面同意，拆改、变动房屋结构或损坏房屋的。

（3）改变本合同规定的租赁用途或利用该房屋进行违法活动的。

（4）拖欠房租累计____个月以上的。

2. 在租赁期内，乙方逾期交纳本合同约定应由乙方负担的费用，每逾期一天，则应按上述费用总额的____%支付甲方滞纳金。

3. 在租赁期内，乙方未经甲方同意中途擅自退租的，乙方应该按合同总租金____%的额度向甲方支付违约金。若支付的违约金不足以弥补甲方损失的，乙方还应承担赔偿责任。

4. 乙方如逾期支付租金，每逾期一日，则按日租金的____%支付滞纳金。

5. 租赁期满，乙方应如期交还该房屋。乙方逾期归还，则每逾期一日应向甲方支付原日租金____%的滞纳金。乙方还应承担因逾期归还给甲方造成的损失。

第十三条　免责条件。

1. 因不可抗力原因致使本合同不能继续履行或造成的损失，甲、乙双方互不承担责任。

2. 因国家政策需要拆除或改造已租赁的房屋，甲、乙双方互不承担责任。

3. 因上述原因而终止合同的，租金按照实际使用时间计算，不足整月的按天数计算，多退少补。

4. 不可抗力系指"不能预见、不能避免并不能克服的客观情况"。

第十四条　本合同未尽事宜，经甲、乙双方协商一致，可订立补充条款。补充条款及附件均为本合同组成部分，与本合同具有同等法律效力。

第十五条　争议解决。

本合同项下发生的争议，由双方当事人协商或者申请调解；协商或调解不成的，按下列第____种方式解决（以下两种方式只能选择一种）。

1. 提请仲裁委员会仲裁。

2. 依法向有管辖权的人民法院提起诉讼。

第十六条　其他约定事项。

1. _____。

2. _____。

第十七条　本合同自双方签（章）后生效。

第十八条　本合同及附件一式____份，甲、乙双方各执____份，具有同等法律效力。

甲方：_____　　乙方：_____

身份证号（或营业执照号）：_____　　身份证号：_____

电话：_____　　电话：_____

地址：_____　　地址：_____

房产证号：_____

房地产经纪机构资质证书号码：_____

设施、设备清单____本；《设施清单》为_____（甲方），同_____（乙方）所签订的编号为房屋租赁合同的附件。

甲方向乙方提供以下设施、设备：

1. 燃气管道［　］，煤气罐［　］；

2. 暖气管道［　］；

3. 热水管道［　］；

4. 燃气热水器［　］型号：_____，电热水器［　］型号：_____；

5. 空调［　］型号及数量：_____；

6. 家具〔   〕型号及数量：_____；

7. 电器〔   〕型号及数量：_____；

8. 水表现数：_____，电表现数：_____，燃气表现数：_____；

9. 装修状况：_____；

10. 其他设施、设备：_____。

甲方：_____   乙方：_____

签约日期：_____   签约日期：_____

签约代表：_____   签约代表：_____

签约日期：_____年____月____日   签约日期：_____年____月____日

签约地点：_____   签约地点：_____

第五部分

客户服务管理

第 20 章　客源开发管理

如果说房源是房地产中介门店的经济命脉，那么客户就是房地产中介生存的血液，有了客户才能源源不断地消化房源。客源的建立也非一日之功，它是房地产经纪人在与客户长期接触、沟通的过程中慢慢完成的。

20.1　开拓客源的方法

服务性行业中尊称客户是"上帝"，而在房地产经纪业务中，客户是经纪人的衣食父母，是经纪人得以生存的根基。一个优秀的房地产经纪人不会放过任何一个寻找潜在房源的机会，他会熟练运用各种开拓客源的方法。常用的开拓客源的方法如图 20-1 所示。

图 20-1　开拓客源的方法

1. 门店揽客法

门店揽客法，是指在店铺门口张贴宣传画，如图 20-2 所示，让有需求的客户自动上门，这是一些房地产中介门店最常用的一种方法。这种方法简单易行、成本低，而且上门客户通常购买意向较强。

图 20-2　房地产门店张贴宣传广告

　　门店揽客法不但需要门店具有较高的知名度和丰富的房源信息，更关键的是房地产经纪人应积极、热情地做好接待工作。只有让上门的客人感到满意，他才可能成为你真正的客户。

2. 广告揽客法

　　广告揽客法，是指利用广告吸引客户。相比其他揽客方式，广告揽客法的时效性强、效果直接，但成本相对较高。房地产经纪机构和房地产经纪人要探索适合特定地域市场、特定客户的有效广告方式，以优化广告效果。

　　房地产门店也可以将部分房源制成广告贴纸，上面注明房源的详细信息与经纪人的联络方式，然后打印出来贴到小区广告栏里，这也是寻找客源的一种方法。

3. 讲座揽客法

　　讲座揽客法，是指通过向社会团体或特定人群举办讲座来发展客源的方法。这种方法尤其适用于社区宣传、发展某个社区的客户。开展讲座不但可以培养客户对房地产经纪人的信赖，同时也能够在潜在客户群中传播房地产信息和知识，减少未来客户在交易过程中遇到的问题。

运用讲座揽客法时，讲座的组织准备工作尤为关键，主题、时间、场地和邀请方式及主讲人的演讲技巧都决定着其揽客效果。这里的讲座，既可以是房地产知识介绍、房地产市场分析或房地产投资信息分析，也可以是房地产交易流程、产权办证问题的介绍。

在举办讲座时，房地产经纪人可以借机发放介绍自己、门店或服务的免费资料，创造与客户直接接触的机会，进而为自己增加客源。

4. 人际圈揽客法

人际圈揽客法，是指经纪人以自己认识的人及亲朋好友为基础，形成人际网络使他们为自己介绍客户的揽客方法。人际网络揽客法不受时间、场地的限制，是每个房地产经纪人自己就可以操作的方法。

所有你认识的人都是你的资源，他们之中也许有人需要买房，也许有人知道谁要买房，也许认识可能或即将成为你的客户的人，你完全可以利用这些资源去发掘你的潜在客户。经纪人要懂得如何利用自己现有的资源和优势，要让你的亲戚、朋友、同学都知道你现在在做房地产交易，这样朋友的朋友、亲戚的亲戚都有可能成为你的客户，而且相对于陌生人来说，亲朋好友的引荐更容易成交。

房地产中介门店要着力培养房地产经纪人的交际能力，不断让他们扩展自己的交际网络，因为这个网络会帮助他们超便捷、高效率地达成交易。

5. 客户介绍法

客户介绍法，即"客带客"，是指通过客户之间的连锁介绍来寻找更多的新客户。客户介绍法是一种非常有效的开拓客源的方法，而且成本低、见效快。

要想让老客户为你介绍新客户，关键是要取信于现有的客户。因为现有的客户与被介绍者往往有着共同的社会关系和利害关系，他们团结一致、相互负责。房地产经纪人必须树立真诚为客户服务的意识，急客户之所急，想客户之所想，千万不可故意隐瞒或欺骗客户。当客户满意你的服务时，他就愿意为你介绍客户；反之，他会在亲朋好友想购买你的房子时加以劝阻。

6. 会员揽客法

会员揽客法，是指通过成立客户俱乐部或客户会的方式吸收会员并挖掘潜在客户的方法。如深圳的"万科会"利用会员揽客法招揽客户就非常成功。

对于大部分中介机构和房地产经纪人来说，通常因为成立客户会的难度大而较少使用这种方法。但是，对于一些实力雄厚的房地产经纪机构来说，会员揽客法不失为一种开拓客户的好办法。

7. 交叉合作法

房地产经纪人每天与人打交道，他们拥有一张强有力的人际关系网，这也是一份很有利的资源。你是某个行业、某种产品、某家企业的销售人员，但你同时又是其他众多行业、众多产品、众多企业的销售人员的客户，你身边的销售人员也一样。你可以和他们共同探讨互相合作之事，或要求他们在合适的场合推荐你的产品和服务，当然，你也要将为对方做同样的服务当作回报。除此之外，还可以互相学习推销的经验与技巧，以便更好地拓展业务。

8. 个人宣传法

房地产已经成了广告业的大客户之一，各种房地产广告遍布大街小巷，但是房地产经纪人的个人广告却是凤毛麟角，这不得不说是遗憾。房地产经纪人可以巧妙地运用个人广告来宣传自己。例如，

（1）印制一盒自己的名片，告诉大家你的职业和你所能提供的服务或者你所能提供的帮助；

（2）制作一些精美的卡片，在节假日邮寄给那些准备购房的客户，这样既能够给他们一个惊喜，又能够很好地宣传自己。

9. 网络搜寻法

房地产经纪人可以在互联网上搜寻客源，因为有很多客户会通过网络来发布自己的买（租）房信息。

（1）有些客户会通过网络平台（如搜房网、58同城、赶集网等）来发布自己的需求信息。

（2）可以通过加小区的业主群来获得客源。有部分需要买房子的客户会先通过小区的业主了解小区各方面的信息；另外，也有些小区业主需要换大房子，或者小区业主的朋友需要买房或租房。

（3）还可以通过小区的业主论坛来获得客源。有些客户需要买房或租房时，会直接在小区的业主论坛上面发布自己需要买房或租房的信息。

10.影响力中心法

影响力中心法，也称作"人物带动法"，是指任何一个小集体都有一个核心人物，他可以影响这个范围内的许多人。经纪人要想让某些人成为自己的客户，必须将他们中的核心人物作为攻坚的主要对象，使其理解房产经纪行业，了解现今的房地产市场行情，让其体会到专业服务，使其从排斥到理解和接纳自己。

20.2 上门推销

在前文中，我们介绍了几种获取客户信息的渠道，但都是通过宣传手段吸引客户上门的方式来得到客源的。营销学中有一种营销方法叫"上门推销"，其主要方式是走街与拍门，房地产经纪人也可以掌握这一营销方法来开拓自己的客源。

1.走街与拍门的方法与技巧

走街与拍门的方法与技巧，如表 20-1 所示。

表 20-1　走街与拍门的方法与技巧

序号	方式	内容	前期准备	注意事项
1	走街	即走街串巷，逐家逐户去推销	（1）确定走街方向：公众场所、工厂区、大型开放住宅区等 （2）确定目标对象：中年人、工厂高层管理者	（1）找人多、人流量大的地方 （2）不要对全心投入工作的人推销 （3）主动开口说"先生（女士），您好"，注意对方的眼神 （4）出击时找好"理由" （5）伴随客户边走边介绍，在说到对方感兴趣的点时及时停顿 （6）给客户提供相关资料

（续表）

序号	方式	内容	前期准备	注意事项
1	走街	即走街串巷，逐家逐户去推销		（7）把名片给客户，同时询问对方名片、电话或门牌 （8）记住对方的长相与姓名 （9）笑脸面对客户的拒绝，及时回避不礼貌客户
2	拍门	即敲门，是指房地产经纪人主动上门向各家住户询问需求的一种推销方式	了解相关内容：居住状况、保安要求、通道与环境状况等	（1）按门铃要有节奏，不急不缓 （2）主动说"您好，我是×××地产公司的经纪人……" （3）微笑对待客户的拒绝 （4）热情回应客户的咨询 （5）争取进门机会，不要对物业进行全面查问 （6）在客户房内不要接受客户的饮品和其他食物 （7）始终保持端庄的仪表仪容 （8）询问客户的生活状况并做好相关记录

2. 走街与拍门时易犯的错误

需要注意的是，房地产经纪人在走街与拍门时容易犯图 20-3 所示的错误。

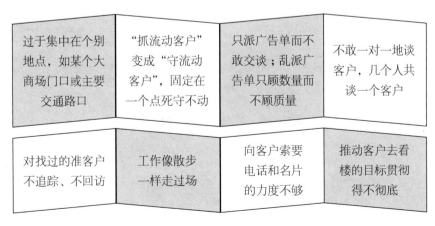

图 20-3　走街与拍门时易犯的错误

20.3 客户信息收集整理

了解客户的个人资料，有助于经纪人及时跟进客户并促成交易。从不同渠道得到的信息是不一样的，除了急于出售或购买房产的客户之外，一般客户都不愿意提供完整的信息和背景资料，这就需要经纪人通过各种途径尽量挖掘客户相关信息。经纪人需要了解的客户基本信息如图 20-4 所示。

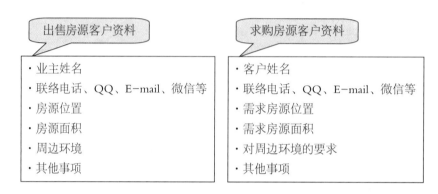

图 20-4　需要了解的客户基本信息

20.4 对客户信息进行分类

根据信息来源的不同，客户信息一般分为图 20-5 所示的 4 类。

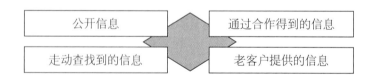

图 20-5　客户信息的分类

1. 公开信息

经纪人应经常查看相关信息，并将其详细记录下来。例如，

（1）每天报纸上的有关房讯、房产信息；

（2）上房产网搜到的租售信息；

（3）扫街看到的信息；

（4）与物业管理公司接触得到的房源信息；

（5）刊登报纸广告得来的信息；

（6）在房产网上发布求租求购信息或是在房产论坛上发帖子而获取的信息。

2. 走动查找到的信息

把通过走动式查找主动收集来的信息记录下来。例如，广告宣传页的回复信息；走访周边小区，现场查问得到的信息；客户自报房源或需求得到的信息；关系户提供的信息等。

3. 通过合作得到的信息

将通过采取合作的方式获得的信息记录下来。如与物业管理公司合作，达成协议，如果他们管辖小区有房子要出售请联系你，房子出售后给其提成；与其他经纪人合作，将投资型客户的电话都留给你，由你来联系他们。

4. 老客户提供的信息

通过为已成交的客户提供良好的服务、定期回访等得到对方的信任和认可，这些老客户可能会提供一些有价值的信息，而且这种信息的"含金量"较高。

最后，经纪人要将客户信息进行分类登记并编制客户信息分类登记表，具体如表 20-2 所示。

表 20-2　客户信息分类登记表

信息来源	序号	详细内容	备注
公开信息			
走动查找到的信息			

（续表）

信息来源	序号	详细内容	备注
通过合作得到的信息			
老客户提供的信息			

如何分析客户的购房需求

对房地产经纪人来说，要学会了解不同类型的客户，把握不同类型客户的心理，分析他们的购房需求，从而针对不同的客户采取不同的推销手段。

1. 对客户进行细分

可以采用多种方式进行客户分类。分类方式不同，分出的客户类型也就不同，这里列出几种主要的分类方式，具体如图 20-6 所示。

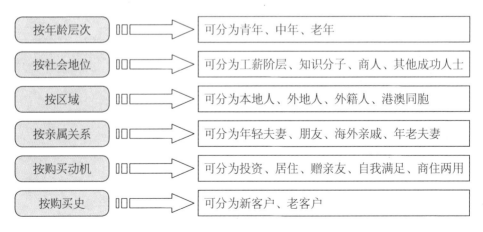

图 20-6　客户的分类方式

2. 分析客户的客观因素

细分客户群体之后，还要分析各群体自身的客观因素，这样有助于经纪人针对不同客户采取不同的推销手段，从而达到成交的目的。需要分析的客户因素如下。

（1）家庭结构：家庭结构在很大程度上决定了客户需不需要买房、需要买多大的房。

（2）决定权：决定权在谁手上，意味着你的工作核心就是谁，把他的工作做好了，交易也就会很快达成了。

（3）经济实力：经济实力决定了客户所买房屋的档次。

（4）喜好：客户的喜好决定了客户所买房屋的类型。如果客户好静，你可以为其推荐远离闹市、环境较好的房子。

3. 了解客户的购买能力

当我们刚开始接触一位客户时，必须确定他是否具有购买欲望和购买能力。经纪人可以通过以下三个途径对其进行了解。

（1）经济状况：确定客户的经济状况是很重要的，经纪人可以通过普通的、非敏感性的提问，从侧面了解客户的经济能力，避免进行不合理的推销。

（2）客观状况：了解客户的客观状况是必要的，有些客户只是单纯地咨询信息，有些却有明确的需求意向，经纪人只有清楚掌握这些才能有的放矢。

（3）买房目的：经纪人必须明确客户买房的目的是什么，是单纯为了居住，还是为了获得收益而投资，或是为了资本增值等。明确了其目的，你才能给客户推荐更合适的房源。

4. 了解客户的购买心理

客户在看房选房时，往往都会经历以下四个心理阶段：排斥期、兴奋期、犹豫期、极度兴奋期。经纪人要通过观察客户的情绪、语言、行为上的微妙变化来判断他们所处的心理阶段。当客户处于兴奋期或极度兴奋期的时候，就是促成交易的最佳时期。

（1）排斥期：开始接触时，客户对经纪人可能有一定的排斥和戒备心理，对楼盘和房子往往抱着挑毛病的心态。在此阶段，房地产经纪人应争取让客户对自己产生好感，探询客户的真实需求，推荐合适的楼盘和房型。

（2）兴奋期：与经纪人建立基本的信任与好感，对楼盘和房子有了较深入的认识和体验，产生强烈的兴趣与意向。在此阶段，经纪人应带领客户参观现场，引导其体验和想象，适时逼定。

（3）犹豫期：客户对房子的了解程度加深，进入实质性权衡比较阶段，心态趋于理智，对楼盘和房子的某些方面产生担忧和疑虑，犹豫不决。在此阶段，经纪人应引导客户吐露真实的异议和拒绝理由，并将它们及时、彻底地消除。

（4）极度兴奋期：担忧和疑虑得以被及时、有效地消除，客户对楼盘与房子的好感进一步增强，有强烈的压力和紧迫感，急于得到理想的房子。在此阶段，经纪人应重复卖点，强调利益与价值，制造紧迫感与压力，利用促销优惠及时促成交易。

5. 购房需求分析

在人生的不同阶段，人们的生活特点都会有所不同，对房屋的需求也有很大不同。房地产中介门店需要经常分析不同客户的购房需求，对经纪人进行培训，从而采取有针对性的销售策略。

（1）单身人群

这一人群往往有着良好的教育背景、从事令人羡慕的工作，在很多人眼里，能独立买房的单身人群是幸福的。不过，其生存压力也很大。即使已有购房打算，实际上多数单身人士的购房预算并不多，但购房的心情又比较急切。经纪人需要根据不同的购房需求，区别对待这类人群。

综合来看，现在的单身购房人群多数在 25～35 岁，他们追求个性化、讲究品牌，多数属于感性消费。相对来说，单身人群购房不会一次性到位，更多人会采取阶梯式消费模式，以便随着收入的增长、工作岗位的变化以及今后生活的变化，适时地调换住房。对单身人群购房需求的分析如表 20-3 所示。

表 20-3　单身人群的购房需求分析

序号	事项类别	具体说明
1	交通	单身人群通常处于创业初期或工作起始阶段，早出晚归，公交车与地铁是其主要交通工具。因此，选择的社区周边最好有便利的交通条件，不要把过多的时间浪费在上下班的路上，以免影响工作和休息
2	居家安全	单身人群的大部分时间都用在工作上，很少在家里。因此，应选择有物业管理或者较成熟的小区居住，慎选独栋、无物业管理、无安保的小区，要消除安全隐患
3	环境配套	单身人群的生活节奏往往很快，无暇顾及个人生活。因此，小区内最好配备完善的生活服务设施，如运动设施、商业设施、餐饮设施等
4	付款方式	单身人群发展空间很大，眼光要放长远，最好选择总价低、不需要一次性付款的小户型，还款方式最好选择等额本息，这样每月的还款压力小，可以把多余的资金用于投资和创业

（2）新婚人群

成家立业是大部分人都必须经历的人生阶段，新婚者的购房需求分析如表20-4所示。

表20-4　新婚人群的购房需求分析

序号	事项类别	具体说明
1	面积	结婚后可能会出现与父母同住及养育孩子等方面的情况，这时新婚人群的经济状况不是很宽裕，因此，最好购买结构紧凑、房间多的小户型
2	交通	最好选择交通便利的地方，便于夫妻上班、小孩上学、老人出行等。若是选在郊区，最好选择有地铁或者公交线路多的地区
3	环境配套	购物便利是首要考虑的因素，超市、菜市场、药店、医院、幼儿园、学校等都应在合理的距离范围内，一般来讲以100米左右为宜
4	居家安全	要有成熟的保安和物业，房屋的布局设计和装修布置要能保证老人和小孩的便利和安全
5	采光格局	新婚人群因有大量的家居摆设，所以应选择格局方正、采光通风好的房子。另外，由于社会交往的增加，对客厅和厨房的要求也相对较高
6	付款还款	新婚人群的开销较多，经济压力比较大，因此要规划好付款方式，最好还是选择银行贷款，并计算好生活各方面所需费用，不要使自己的还款压力太大

（3）改善居住条件人群

这一人群是有一定的经济基础、希望改善居住条件的购房者，他们希望改善后的居住环境最好能完全满足自己的期望，要求也会相对较高，其购房需求分析如表20-5所示。

表20-5　改善居住条件人群的购房需求分析

序号	事项类别	具体说明
1	面积	如果是因为面积、格局不够理想而换房，就应考虑房屋的户型、楼层、朝向、采光以及客厅、餐厅、厨房、卫生间等的面积和格局，尽量使其达到预期的要求
2	地段	如果是因为地段不够理想而换房，就应根据其购房预算选定合适的区域和板块。好的地段不仅可以增强居住的便利性，还可以增强其保值、升值潜力

（续表）

序号	事项类别	具体说明
3	交通	如果是因为交通不够理想而换房，这时就应考虑更多的交通因素，如地铁、公交、渡口等，如果属有车族，那么车位的问题以及车子的进出便捷程度都要着重考虑
4	环境	最好不要选择商住两用的小区，物业管理和周边配套设施也应着重考虑，如超市、银行、医院、学校等应齐全

（4）提高居住品位人群

住房最能体现一个人的价值品位和身份、职业、修养等。因此，提高居住品位是越来越多成功人士所追求的目标。对于这部分人群来说，房子不再是单纯的居住场所，而是自身价值和身份的体现。提高居住品位的人群的购房需求分析如表20-6所示。

表20-6　提高居住品位人群的购房需求分析

序号	要点类别	具体说明
1	户型	（1）房间应宽敞、明亮；除了具备普通住宅的必备功能区间外，还应包括保姆房及会客厅等 （2）厅的面积应大，便于装修布置；厨房的布局和配置也很重要 （3）宽敞明亮的大堂是最能体现物业品位的设施之一
2	地段	最好选择在繁华的中心区，除了体现价值和方便出行以外，还能保证房屋的保值和升值潜力
3	交通	车位的问题以及车子进出的便捷性都需着重考虑
4	物业	（1）物业管理是关系到业主能否享受高品位生活最重要的因素，好的物业管理应做到规范、及时、有序，以业主的利益至上为理念 （2）配套设施应包括会所、游泳池、健身房等其他运动休闲设施
5	环境	（1）处于国际社区，周边有良好的金融、商业及休闲、教育等设施 （2）小区居民的整体素质也是需要考虑的因素 （3）景观也成为衡量一个社区生活品位的重要因素

（5）购买学位房人群

随着买房族年龄结构的变化，对下一代有教育需求的购房者逐渐增多，资源有限而人们的需求日益增加的情况，让"学位房"在二手房市场独占鳌头。

学位房，是指希望孩子就读的小学或初中所规划的学区内的相应房产，房主的孩子通常能得到该学校的学位。

学区房，是由教育部门根据每年片区入学生源划分出来的一个范围，在这个范围里学生可以通过享受义务教育免试就近入学，这种范围里的物业房产就叫作"学区房"。

学位房并不等于学区房，二者之间的区别如表 20-7 所示。

表 20-7　学位房与学区房的区别

区别	学位房	学区房
定义不同	是开发商与某学校联建合作方面的关系引进某学校的学位，在购房合同中写了赠送入学学位	并没有在买房合同中体现送学位，只是房产位置在这个学校辐射范围内，可以免试就近入学任何一家所辐射的学校
范围不同	不一定在学区范围内	一定在学区范围内
规定不同	一般是指与指定学校有联建关系，或者合作关系，然后买这个房子带一个上学的指标	教育部门规定，义务教育阶段学生都是免试就近注册登记入学，按照学生的户籍所在地，由教育部门统筹安排就近入学
保障性不同	你买了这个房子，就一定有上学的学位	只要房产位置属于学校辐射范围内，可以享受就近上学，但学校不一定有学位
入读政策不同	应至少提前三年购房，部分学位有年限限制	由政府划分，不同年份会有所调整

经纪人要在购买二手房的客户于购买前协助其了解清楚该楼房的学位和户口是否已被使用。如果户口已经被使用，则要协商并要求前业主迁出，以方便购买者户口迁入后子女获得入学学位。

①先看原业主有没有把户口迁走。如果没有迁走，那么这个学位就被占用。

②再看原业主是否用了名额。只要原业主已经没有小孩在对口学校在读，那么这个学位就可以用。

（6）投资买房人群

购买一套面积适中的二手房，既是普通购房者购房自住的不错选择，也是投资者的良好选择。投资买房人群的购房需求分析如表 20-8 所示。

表 20-8 投资买房人群的购房需求分析

序号	要点类别	具体说明
1	位置优势、交通便利	附近公交线路发达，可以直达四面八方，这样的房子无论是出租或转手都很有市场
2	方便的购物、就医、教育环境	大多数的老居民区附近有成熟的大型超市，也有方便的小菜市场，不出十分钟就可以找到市属大医院，并且幼儿园、小学、中学也一应俱全。多年的社区人文环境造就了周围各种各样繁荣的社区服务环境，因此，此类二手房的出租或转手也很有市场
3	避免潜在的质量隐患	有些上市的二手房已经居住了三五年甚至十年以上，如果房屋质量上存在什么问题，现在应该明显暴露出来了，或者已经被原房主或房管部门修缮过了。在挑选二手房时，应通过仔细认真地检查房屋的状况，做到心中有数。一般二手房是不会存在质量问题的
4	及时拿到产权证	如果购买二手房是为了投资，那一定要买有产权的二手房，并且按照规定缴纳应缴的税费，办理产权过户手续。在交易完成后，房管局将很快核发过户后的产权证。个人只有拿到了房屋的产权证，才可以将房子合法地出租、出售，甚至用予办理抵押贷款

第21章　客户档案管理

客户是房地产中介门店的财富,做好客户档案资料的收集整理与管理工作,将有助于分析、了解客户,有助于巩固客情、加强合作。

21.1　建立客户档案

客户档案是指有关客户情况的档案资料,是反映客户本身及与客户关系有关的商业流程的所有信息总和。

1. 建立客户档案的作用

一般来说,建立客户档案主要有图 21-1 所示的几种作用。

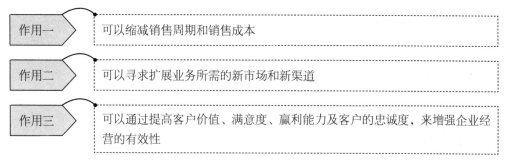

作用一	可以缩减销售周期和销售成本
作用二	可以寻求扩展业务所需的新市场和新渠道
作用三	可以通过提高客户价值、满意度、赢利能力及客户的忠诚度,来增强企业经营的有效性

图 21-1　建立客户档案的作用

2. 建立客户档案的方法

房地产中介门店可以通过专门收集客户与公司联系的所有信息资料、客户本身的内外部信息资料,建立详尽的客户档案。这些资料主要有表 21-1 所示的几种类型。

表 21-1　客户档案资料的类型

序号	类型	内容
1	关于客户最基本的原始资料	包括客户的名称、地址、电话及其性格、兴趣、爱好、家庭情况、学历、年龄、能力、经历背景等
2	关于客户特征方面的资料	包括所处地区的文化、习俗、发展潜力等
3	关于客户周边竞争对手的资料	对客户与竞争者的关系要有各方面的考量
4	关于交易现状的资料	包括客户的交易现状、存在的问题、财务状况等

3. 建立客户档案时的注意事项

一般来说，房地产中介门店在建立客户档案时，应注意以下事项。

（1）档案信息必须全面、详细。档案的建立，除了应包括客户名称、地址、联系人、电话这些最基本的信息外，还应包括其购买力、与本公司的交易意向等这些更深层次的因素。

（2）档案内容必须真实。

（3）对已建立的档案要进行动态管理。

21.2　客户档案整理与管理

1. 客户档案的分类整理

经纪人可以根据相关程序，把客户档案资料进行分类、编号。

2. 意向客户的档案管理

经纪人在对意向客户的档案进行管理时，可以参考以下方法。

（1）在接待完客户后，可把客户资料填入如表 21-2 所示的"意向客户登记表"，并及时填报客户追踪情况。

表 21-2　意向客户登记表

编号	姓名	性别	年龄	电话	目前住址	意向单位	看房记录	观望原因	销售代表

制表人：　　　　　　　　　　　　　　　　　　　　　　　填表日期：　　年　月　日

（2）根据客户等级，将意向明确的客户报给销控，以便协调房源，避免"撞车"的现象。

3. 定金客户的档案管理

在对定金客户的档案进行管理时，可参考以下方法。

（1）客户定房后，可将其资料填入如表 21-3 所示的"业主登记一览表"，以便于对业主情况进行查询。

表 21-3　业主登记一览表

序号	姓名	电话	住址	来电来访日期	看好单位	客户追踪	跟进情况

制表人：　　　　　　　　　　　　　　　　　　　　　　　填表日期：　　年　月　日

（2）对客户的职业、经济收入水平、文化层次、居住区域、消费心理等，进行系统的统计分析，从而使目标客户群的定位更加明晰。

（3）业主要求换房或退房时，应将业主换房或退房的具体情况填入如表21-4所示的"客户换房、退房一览表"，并及时更新其相关的信息。

表21-4　客户换房、退房一览表

编号	姓名	房号	电话	换、退房时间	换、退房原因	销售代表	备注

制表人：　　　　　　　　　　　　　　　　　　　　填表日期：　　年　月　日

（4）定期出一份"销售退房情况一览表"，以便掌握销售动态，并总结退房的具体原因，及时调整自己的销售策略。

（5）对给予特殊优惠的客户，要进行备案，将其资料填入如表21-5所示的"特殊优惠客户一览表"，以便查询。

表21-5　特殊优惠客户一览表

编号	姓名	性别	电话	房号	优惠形式	优惠原因	备注

制表人：　　　　　　　　　　　　　　　　　　　　填表日期：　　年　月　日

4.签约客户的档案管理

经纪人在对签约客户的档案进行管理时，可以参考以下方法。

（1）可将未按规定期限签约的客户的信息填入如表21-6所示的"未签约客户一览表"，以便尽早解决签约遗留问题。

表21-6 未签约客户一览表

序号	姓名	性别	年龄	电话	现住地址	职业	首次来访时间	终止时间	销售代表

制表人：　　　　　　　　　　　　　　　　　　　　　填表日期：　　年　月　日

经纪人在管理资金回笼时，可以参考以下方法。

① 可将客户的交款情况填入如表21-7所示的"客户交款情况明细表"，可依据付款方式对客户进行分类，以便及时向客户催款或催办按揭，从而加速资金回笼。

表21-7 客户交款情况明细表

客户编号	一次性付款	分期付款	按揭				
			轻松按揭	10年按揭	15年按揭	20年按揭	30年按揭

制表人：　　　　　　　　　　　　　　　　　　　　　填表日期：　　年　月　日

② 可将办理延期付款的客户的信息填入如表 21-8 所示的"延期付款客户一览表"，以便及时了解回款情况。

表 21-8　延期付款客户一览表

编号	姓名	性别	年龄	房号	付款方式	付款金额	延期付款原因	备注

制表人：　　　　　　　　　　　　　　　　　　　填表日期：　　年　　月　　日

（2）对签约的客户，应将签约的具体情况填入如表 21-9 所示的"契约签署一览表"，并在备注中将合同的某些特殊条款列明，以便日后查询。

表 21-9　契约签署一览表

编号	姓名	性别	年龄	家庭结构	现住地址	职业	行业	车辆	资金来源	认知途径	户型	首次来访时间	签约时间	付款方式	销售代表

制表人：　　　　　　　　　　　　　　　　　　　填表日期：　　年　　月　　日

5. 问题客户的档案管理

经纪人可以将存在棘手问题的客户的资料填入如表 21-10 所示的"问题客户一览表",并按客户服务流程及时上报,以便及时解决问题。

表 21-10　问题客户一览表

编号	姓名	性别	年龄	房号	存在的问题	原因	备注

制表人：　　　　　　　　　　　　　　　　　　　填表日期：　　　年　　月　　日

21.3　客户档案保密管理

客户档案是公司的财产,任何人不得将客户档案占为己有或故意泄露。要想做好客户档案的保密工作,可以采取以下措施。

1. 客户档案分级管理

一般来说,最重要的客户档案应设置为公司秘密信息,员工在借阅、翻查时都必须履行相关手续。

2. 采取保密技术措施

经纪人在对客户档案进行管理时,可以采取以下技术措施。

(1) 对电脑进行加密设置,由专人管理。

(2) 纸面文档应存放于专柜中由专人管理,借阅时必须登记。

(3) 制定保密制度和惩罚措施。

21.4 客户档案管理中应注意的问题

在客户档案管理过程中，应注意下列问题。

1. 客户档案管理应保持动态性

客户档案管理不同于一般的档案管理，如果一经建立，管理人员就置之不理，就失去了其意义。管理人员需要根据客户情况的变化，不断地对其予以调整，更新过旧资料，及时补充新资料，不断地对客户的变化情况进行跟踪记录。

2. 客户档案管理应关注未来客户

管理人员应将客户档案管理的重点放在现有客户上，而且还应更多地关注未来客户或潜在客户，这样做能为企业选择新客户、开拓新市场提供资料。

3. 客户档案管理应"用重于管"，提高档案的价值

管理人员不能将客户档案束之高阁，而应以灵活的方式及时、全面地将其提供给推销人员和相关人员。同时，经纪人应利用客户档案作更多的分析，使档案变成有价值的资料。

第 22 章　客户维护管理

对于房地产中介门店来说，只有获得足够多的客户，才能获得更多的业务，从而在业绩上取得更大的突破。而好的服务以及客户日常维护能够帮助门店建立足够强大的客户网络。

22.1　建立客户代表制

客户代表制度实际上是"一对一营销"策略在房地产中介行业中的运用。"一对一营销"的核心思想是通过与每位客户的互动对话，与客户逐一建立持续、长久的相互信任的关系。门店可以通过这种沟通渠道了解每位客户，客户也可以通过这种渠道加深对门店的了解。

持续地交流不仅增进了门店与客户的互相理解，也为日后提供有效服务和及时处理矛盾建立了一个有效的平台。如果将客户代表制度进一步引入门店日常运作当中，将售前、售中、售后的客户服务统一起来，则会有助于门店给客户提供更实用的产品和更优质的服务。

22.2　客户投诉处理

有关研究表明，一次负面的事件需要 12 次的正面事件才能弥补过来。当发生一些令客户不满意的事情时，客户有怨言是正常的，此时，房地产中介门店就要对客户的投诉予以及时、正确的处理，否则就会使事情往更坏的方向发展。因此，门店在处理客户投诉时也需要掌握一定的技巧，如图 22-1 所示。

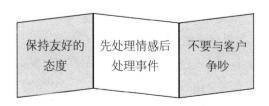

图 22-1　处理客户投诉时的技巧

1. 保持友好的态度

当房地产中介门店接到客户投诉时，接待人员首先要有换位思考的意识，站在客户的立场考虑问题，千万不要与客户发生争执，谁对谁错并不重要，如何沟通、处理和解决客户的问题才是最重要的。

从心理上来讲，客户对产品或服务不满时，会觉得自己被亏待了，他们会感觉自己付出了很多，却买不到满意的房子和服务。如果接待人员的态度不友好，就会让他们的情绪更差，结果只会恶化门店与客户之间的关系。相反，接待人员若能做到态度诚恳、热情礼貌，则会缓解客户的抵触情绪，从而完美地协商解决问题。

俗话说"伸手不打笑脸人"，真诚的微笑能化解客户的负面情绪。满怀怨气的客户在面对春风般温暖的微笑时也会不自觉地减少怨气，这样更容易得到令双方满意的结果。

2. 先处理情感后处理事件

门店在处理客户投诉时，往往会因为双方沟通存在障碍而产生误解。即便如此，接待人员也绝对不能与客户进行争辩。因为，作为房地产中介门店，其宗旨就是"一切源于客户，一切为了客户"，没有了客户，门店也就没有了生存的基础。

要想有效地处理客户投诉，首要的就是"先处理情感，后处理事件"，先在我们与客户之间架起互相信任的友谊桥梁，不断地改善双方关系，这样才能让问题更容易得到解决。

3. 不要与客户争吵

客户在投诉时总是情绪激动，甚至可能言辞极端。对此，接待人员要保持冷静、克制自己的情绪，切忌与客户发生争吵。否则，事态只会恶化，让客户失望地离去。

有时候，客户的投诉可能是客户自身的原因，在这种情况下，接待人员通常会很容易对这些客户产生偏见，在内心默默地骂着一些难听的话，例如"蠢货""傻瓜""笨蛋""讨厌鬼"等，一旦给客户贴上这样的标签，毫无疑问，你就会在心中对客户形成一种负面评价，并且无论怎样克制，你都容易在言行之中表露出对客户的不满，甚至与客户形成对立的局面。

因此，在处理客户投诉时，接待人员要学会理解、尊重客户，语言不能过激，不能与客户针锋相对，避免彼此关系恶化。千万不要说一些粗鲁、伤人自尊的话伤害客户，如"房子本来就这样，你怎么连最基本的常识都不懂"，而要用委婉、得体的语言与客户沟通。

22.3　客户回访管理

客户回访是房地产中介门店进行服务或产品满意度调查、客户消费行为调查、维系客户的常用方法。由于客户回访往往会与客户进行比较多的互动沟通，因此，回访管理也能完善客户数据库，为进一步的交叉销售、向上销售作铺垫准备。

1. 确定时间进行回访

针对客户的回访时间并没有特定的要求，一般针对新客户门店会有一个详细的计划以便进行及时回访，平均每一两天就进行一次，最长不超过一周，周四、周五是回访的最佳时机。

实际上在前期一两次的沟通中，客户一般都会告知自己的作息习惯，经纪人可以根据客户的现状进行有针对性的回访。

例如，一般周末回访选择上午10点以后和客户进行沟通，因为周末大家一般会比较晚才起床，太早的话可能会打扰客户休息；中午大多数人都要午休，回访时间最好选择下午3点以后，以免打扰对方；晚上10点以后就不要给客户打电话了。经纪人需要了解客户的作息习惯，然后进行相应调整，并没有统一的标准。

2. 回访的方式

一般来说，回访的方式主要有以下两种。

（1）对客户要有"没事儿找事"的想法，例如请客户帮忙等，把客户当作朋友。

（2）在与客户进行长时间电话沟通前，一般先通过短信联系，让客户心里有所准备。如果客户方便，才可进行，这样后期也可以沟通得更深入。

3. 回访的注意事项

房地产中介门店在安排经纪人回访客户时，应注意以下事项。

（1）回访时一般选择用座机。一方面用座机更容易查询沟通时间，另一方面座机代表的是门店，有利于加深客户的印象。

（2）在与客户沟通前，经纪人最好对谈话内容及自己的状态进行调整。因为房地产经纪人都是代表门店与客户进行沟通的，不好的状态很容易使客户对门店产生负面的看法。

（3）经纪人在对客户进行自我介绍时，特别是对高端客户，一般要直接告诉对方自己的姓名，并做到"不卑不亢"。

（4）对客户的称呼一般不选择"小姐""同志"等。特别是当不清楚客户年龄时最好以"先生""女士""哥""姐""叔叔""阿姨"等称呼。

（5）对客户回访记录一般都在手机或笔记本上进行登记。在进行记录时，有些客户可能会仅留姓不留名。此时最好要求客户留全名，避免万一认错客户造成不必要的尴尬。

（6）善于抓住特殊的时机，即逢年过节、出市场新政、客户生日等进行回访。

（7）给客户提供一些专业的建议，例如装修建议、应该贷多少款合适、多大面积的房子更符合客户需求等。房地产经纪人同时也应该是一名设计师、理财师等，从而帮助客户设计更好的购房、理财方案。

（8）经纪人在接待老客户推荐的客户时，必须把自己的专业性展现出来，应把老客户当成新客户一样维护。因为老客户更有能力做出要求房地产经纪人打折或跳单等行为。

> 客户回访是客户服务的重要组成部分，应重视客户回访，充分利用各种回访技巧，在满足客户需求的同时创造价值。